Introduction to
Sports Counseling

はじめに

　筆者は、早稲田大学スポーツ科学部において「スポーツカウンセリング」の講義を担当している。この講義は、すでに9年目を迎えて講義内容も充実してきているが、同時に講義に用いる良い入門用テキストがないことにも気づいた。これまでの講義では、海外で出版されたこの分野のテキストの一部を翻訳して資料としたり、臨床心理学のテキストの一部を資料として使ったりしていたが、海外のテキストは専門的すぎるのと、症例などが海外のもので、そのままでは用いにくいという難点がある。また、臨床心理学のテキストは、スポーツの現場に必ずしも即したものではなく、事例などがスポーツ関連の人が読むには、あまりしっくりこないということがあった。

　このようなことから、入門者向けにスポーツカウンセリングのテキストを執筆することを思い立った。執筆にあたっては、この「スポーツカウンセリング」の講義内容を基本にテキストの内容を考案した。また、さまざまなスポーツ関連分野における相談や早稲田大学における「スポーツ医科学クリニック」において担当したスポーツカウンセリングのケースのエッセンスも盛り込んだ。また、筆者は同時に精神科医としても25年以上にわたって精神科の治療にあたっており、最近は医療の場にもアスリートが訪れるようになっている。これらの経験の一部もケースのエッセンスとして盛り込んである。

　この本は、スポーツカウンセリングを専門に行おうとする人たちの入門書としても役立つと思うが、同時にスポーツ科学、健康科学を学ぶ学生や、実際にスポーツ指導にあたっている監督コーチなどの指導者、あるいはアスレティックトレーナーなどのサポートスタッフ、さらにこの分野に関心のあるスポーツドクターなども対象として考えている。これらの人たちは、必ずしも専門のスポーツカウンセラーになるわけではない。しかし、このテキストから学ぶ知識が、これらの人たちのスポーツ現場での日常活動の中で出会う問題をより良い形で解決するヒントとなるとよいと考えている。また、入門書としてこのような人たちにも容易に理解していただけるよう、過剰に専門的な内容や表現を用いないように心がけた。

　本書の構成として、最初に臨床心理学の基礎について説明している。スポ

ーツカウンセリングの対象者はアスリートである場合がほとんどだが、彼らもアスリートであると同時に、臨床心理学の対象とする「人」としての一般的な特徴を持っている。したがって、アスリートについて考える場合も、臨床心理学の考え方は非常に重要である。この分野についての基礎的な知識が身につく内容を選んだ。一方で、この分野の解説においては、なるべくスポーツの現場を例として出すようにし、実践の場面のイメージがわきやすいように配慮した。

　後半には、スポーツの現場に比較的特徴的なトピックを取り上げて、ケースを挙げながら解説した。これらのケースは、実際に経験した特定のケースを記述したものではなく、いくつかのケースの特徴をまとめ、全体としてはエッセンスを残しながら創作したものである。ここに取り上げたトピックは比較的よく見られるものではあるが、これらのトピックがスポーツ場面における問題のすべてではない。提示したケースは読者が、基本となる前半の知識を柔軟に応用して、新しい問題の解決ができるようになるための、例であると考えていただくのがよい。

　筆者が精神科スポーツドクターであることから、本書は一般の心理臨床家による書物よりも医学に踏み込んだ面が多いかもしれない。しかし、医師との連携もまたカウンセラーの重要な役割であり、また、アスレティックトレーナーなどはさらにスポーツドクターとの連携の場面が多くある。そういった意味で、医学に踏み込んだ内容がこのようなスポーツ医学の中で仕事をする人たちの参考になれば、非常にうれしい。この本がスポーツの現場に携わる人たちやスポーツ科学に興味を持つ幅広い人たちのための、スポーツカウンセリングの入門書になることを願っている。

　この本の執筆は、主に筆者のサバティカル期間に行った。教員にこのような機会を与えてくれる早稲田大学の懐の深さを嬉しく思う。

　また、この間の執筆を支えてくれた妻や子供たちに感謝したい。執筆の最後に追い上げを丁寧にサポートいただいた講談社サイエンティフィクの國友奈緒美さんに深謝いたします。

2011年2月

　　　　　　　　　　　　　　　　　　　　　　　　　　　内田　直

はじめに

第1章 スポーツカウンセリングと臨床心理学 —— 1

1.1 臨床心理学的なアプローチとは………1
1.2 スポーツカウンセリングと臨床心理カウンセリング………4

第2章 臨床心理学の基礎 —— 9

2.1 カウンセリングの対象となるもの………9
2.2 心のとらえ方………11
2.3 精神力動的な心のとらえ方………12
 A. 無意識………13
 B. 自我・エス・超自我………14
 C. 防衛機制と抵抗、転移・逆転移………16
 D. 注意すべきこと………21
2.4 行動論的な心のとらえ方………22
 A. 行動論とは 〜心を行動で測定する………22
 B. 行動論的治療法………23
2.5 人間性心理学的な心のとらえ方………26
 A. 人間性心理学とは………26
 B. アブラハム・マズロー………26
 C. カール・ロジャーズ………26
2.6 心のとらえ方とカウンセリング………28

第3章 心の発達 —— 31

3.1 小児の心の発達………31
3.2 心の発達とライフサイクル………32

A. 生まれて間もない子どもの世界………32
B. エリクソンの8つの発達段階………32
C. 発達期にさかのぼってクライエントに話を聞く意味………40
3.3 パーソナリティの形成に関わる素因と環境因………40
A. 素因と環境因………40
B. 神経系の発達………41

第4章 カウンセリングに必要な、精神医学の知識 —— 46

4.1 カウンセリングと精神医学………46
4.2 精神医学における診断………47
A. 精神障害の診断と統計の手引き（DSM）………47
B. WHOによる国際疾患分類（ICD-10）………48
4.3 不安障害………49
A. パニック障害………49
4.4 身体表現性障害………51
A. 転換性障害………51
B. 疼痛性障害………52
4.5 解離性障害………53
4.6 摂食障害………54
A. 神経性無食欲症………54
B. 神経性大食症………54
C. アスリートにみられる摂食障害………55
4.7 性同一性障害………56
4.8 パーソナリティ障害………57
A. 反社会性パーソナリティ障害………58
B. 自己愛性パーソナリティ障害………58
C. 強迫性パーソナリティ障害………59
4.9 気分障害（うつ病と躁うつ病）………59
A. うつ病………60
4.10 幻覚妄想状態（統合失調症など）………62
4.11 薬物による精神障害………63

第5章 臨床心理学の評価法（心理検査） —— 64

5.1 心理検査を知っておくべき意義………64
5.2 さまざまな心理検査………65
A. 知能検査………66
B. 性格検査………67
C. 気分検査、不安検査………71
D. うつ病評価検査………72
E. スポーツ関連心理検査………73

第6章 スポーツカウンセリングの実際 —— 75

6.1 カウンセリングを有効に行うために………75
6.2 カウンセラーの基本的な心構え………76
A. カウンセリングを行う場所………76
B. 話を聞きながら問題の本質を明らかにする………77
C. 治療の枠の問題………77
D. 公私の区別………79
E. 独りよがりにならないようにする………79
6.3 スポーツカウンセリングの特徴………80
A. 影響力を持つ指導者の存在………80
B. 良い競技成績を残すことを優先することもある………80

第7章 スポーツカウンセリング実践の手順 —— 82

7.1 カウンセリングへの紹介のされ方………82
7.2 クライエントを前にして………83
A. 最初に確認すべき事柄………83
B. 相談の訴えと問題の本質………84
C. 生活史………85
D. 家族関係………86

- E. 競技活動内外での人間関係………87
- F. 生活時間………89
- G. 経済状況………90

7.3 カウンセリングが進行する中での評価………91

7.4 他の機関へ紹介するかどうかの判断（リファー）………92

第8章 スポーツカウンセリングのケース ― 95

- ケース1 新人にある問題………96
- ケース2 指導者、チームメートとの軋轢………98
- ケース3 自己同一性とスポーツ（誰のために競技をやっているのか）………101
- ケース4 生活環境が大きく関与するケース………104
- ケース5 競技をやめて新しい道を考えるということ………106
- ケース6 女子選手の摂食の問題………109
- ケース7 性同一性障害のケース………112

第9章 スポーツカウンセリングを行う人の資格 ― 115

参考書………118

第1章 スポーツカウンセリングと臨床心理学

Key word　臨床心理学　カウンセリング　クライエント（来談者）　行動療法　芸術療法　作業療法　スポーツカウンセリング

1.1　臨床心理学的なアプローチとは

（1）臨床心理学とは

　臨床心理学は、心理学の1分野である。心理学という言葉を聞くと、「心の問題」を扱う科学という印象を持つかもしれない。これは誤りではないが、現代の心理学の多くの分野では、実証的な自然科学的な方法を用いながら「脳の問題」を扱っている。したがって、このような心理学の分野は認知科学や神経科学ともつながると言えよう。そしてさらには正常な脳機能だけではなく病的なメカニズムについても扱うとなると、心理学の境は曖昧になって、大きな脳科学の一部ともとらえられる。

　臨床心理学は、その中で、より「心の問題」を扱うという要素の強い領域である。臨床心理学は本人や周りの人が悩む心の問題を理解し、解決することを目的としている。そういった問題を解決する際に、臨床心理学のアプローチでは、基本的に薬物は用いない。方法としては、個人と個人あるいは個人とグループというように、人から人へのアプローチを行い、その病態を解明し、また底に潜む問題の解決にあたる。このような手法の中で、主に対話を通じて治療的なアプローチを行う方法を**カウンセリング**と呼んでいる（図1.1）。

図1.1 臨床心理学とカウンセリングとは

臨床心理学 心理学の1分野
　心の問題を理解し、解決することを目的とする。

主に「対話」を通じて治療的な
アプローチを行う方法を
カウンセリングと呼ぶ。

図1.2 精神医学と臨床心理カウンセリングの実践範囲

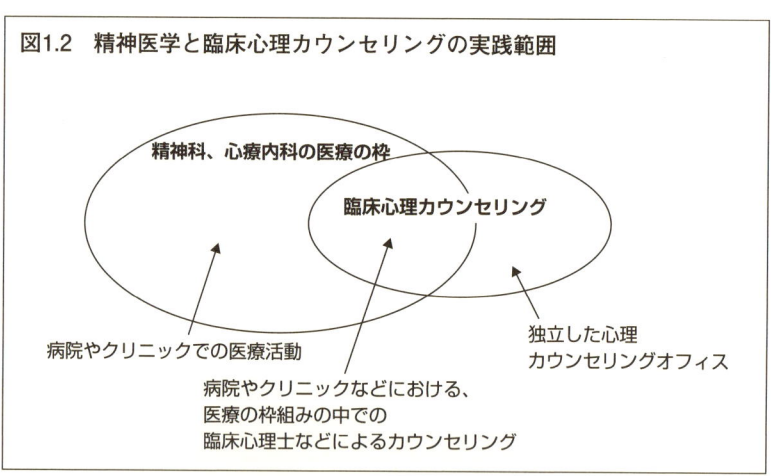

精神科、心療内科の医療の枠
臨床心理カウンセリング

病院やクリニックでの医療活動
病院やクリニックなどにおける、医療の枠組みの中での臨床心理士などによるカウンセリング
独立した心理カウンセリングオフィス

（2）カウンセリングの対象

　臨床心理学の知識や技術を利用して、病院を含めさまざまな場所でなされるカウンセリングを、臨床心理カウンセリングと呼ぶ。スポーツカウンセリングも、臨床心理カウンセリングの一つの分野である。本書では、カウンセリングという言葉は断りがない限り、臨床心理カウンセリングを示している。
　臨床心理カウンセリングの対象としては、医学的な治療が必要なケースから、必ずしも医学的治療が必要でないケースまでさまざまである（図1.2）。
　医学的治療が必ずしも必要でなく、臨床心理カウンセリングが有効な例と

して、たとえば1対1で異性と対面すると極度に緊張してしまって、まったく自然に振る舞えないという場合などがある。しかし、そのような人でも、通常の社会生活は問題なく行うことができる。時に、会社の会議などの公的な場では、異性とのやり取りも問題がないことも多く、通常の生活が大きく制限されるわけでもない。したがって、必ずしも病院に行って薬物治療を受けるような状態でもない。しかし、このような問題の解決に、医学的な治療ではなく、カウンセリングなど臨床心理学的なアプローチが単独で有効な場合は多くある。

さらには、医学的な治療の必要な対象に対しても、医師の役割とは別に臨床心理学的なアプローチが非常に有効なこともある。たとえば、うつ病という精神疾患に対しては、抗うつ剤という治療薬の投与はほぼ必須であるが、同時にうつ病の症状を呈している人に対して、カウンセリングを通じて治癒のプロセスを効率的に導くような指導も必要である。また、そういった人たちは、時に過度に完璧主義や自己犠牲的な精神を持ちすぎているがために、ストレスをため込んでしまうという面もある。そのような面は、薬物によって治療することはできない。こういった面について、適切なカウンセリングを行い、さまざまな状況での判断をうつ状態に再び陥らないように修正していくことも重要な治療である。

（3）クライエント

臨床心理カウンセリングでは、カウンセリングを受ける人を**クライエント（来談者）**と呼ぶことが多い（図1.3）。この言葉は、カール・ロジャーズ（p.26参照）によって、使われ始めたものであるが、治療をする人と治療を受ける人が同等な立場で治療関係を結ぶという意味で、この言葉を用いたという。カウンセリングにおける心構えという意味でも、重要な言葉である。本書でも、カウンセリングを受けに来る人をクライエントと呼ぶことにする。

臨床心理学的なアプローチの方法には、カウンセリングのほかにも、**行動療法や芸術療法、作業療法**などさまざまなものがあるが、本書では主として、1対1で行うカウンセリング治療について述べることとする。

1.2 スポーツカウンセリングと臨床心理カウンセリング

（1）アスリートへのカウンセリング

　アスリートも多くの心の悩みを持っている。競技に対する過度の緊張や、チーム内での人間関係の問題、眠れない、体のだるさが取れないが検査をしても身体的な異常がない、食事の問題など、さまざまなものがある。このような、アスリートに見られるさまざまな心の問題を解決する手助けをするのが**スポーツカウンセリング**である。

　これまでスポーツカウンセリングの役割が十分に理解されていない時には、アスリートがひとりで悩んでいることが多くあった（図1.4）。アスリートがひとりで悩む結果になってしまう原因の1つには、「強いアスリートは当然頑強な精神力を持っているもの」という一般の認識があったということもあろう。強いアスリートは、頑強な精神力なくしては試合に勝つことはできない。したがって、そのような悩みがあるということは、強いアスリートではないということになる。したがって、そういう悩みを相談すること自体が、アスリートとしては失格である、というような考え方である。

　しかしながら、実際には心の問題は多くのアスリートに存在する。あるいは、すべてのアスリートに存在すると言ってもよいかもしれない。もちろん、これらの問題すべてにカウンセラーのサポートが必要であるというわけ

図1.4 アスリートと心の悩み

アスリートの持つ心の悩み
・競技に対する過度の緊張
・チーム内での人間関係
・眠れない
・検査しても異常がないのに、だるさが取れない
　　　　　……など

悩みがあるなんて言ったら、弱いやつだと思われるのかな…

ではないが、このような心の問題へのサポートがアスリートの負担を軽くし、より競技に集中できるようになり、結果として競技力が向上するということは間違いないことである。スポーツカウンセリングの知識がユーススポーツやアスリートの活躍する現場に普及してくれば、心の問題に対してより適切な対処がなされ、アスリートはより良い環境でスポーツに打ち込むことができるようになるであろう。

　現状では、まだスポーツカウンセリングを積極的に利用することについては、抵抗がある面があると思う。これはアスリート側だけの問題ではなく、スポーツカウンセリングを行う側が積極的に、抵抗なく相談を受けられる状況を作っていくということも必要で、これはカウンセリングに関わる者たちにとっての、これからの課題でもある。

　さらに、アスリートもパニック障害、うつ病などさまざまな心の病的状態に陥ることがある（第4章参照）。このような場合には医学的な治療が必要であるが、アスリートがスムーズに競技に復帰できるよう、臨床心理学的な手法を用いてアスリートにアプローチし、医学的治療をサポートすることも重要である（図1.5）。そして、競技への復帰に向けてアスリートの心の問題を解決し、サポートしていくこともスポーツカウンセリングの大きな役割である。これは、スポーツ整形外科医に対するアスレティックトレーナーの仕事に似た側面もある。たとえば、骨折や靱帯損傷など整形外科的な疾患は、手術療法など医学的な治療が必要なことも多い。しかし、その後速やかに競

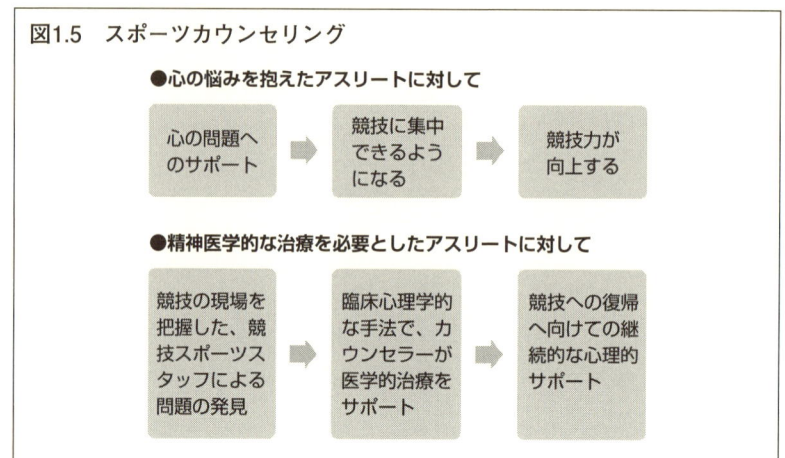

図1.5 スポーツカウンセリング

技に復帰できるようにするために、リコンディショニングなどのアプローチが有効である。このような状況の中で、競技スポーツによく通じたアスレティックトレーナーの果たす役割は大きい。同じように精神医学的な治療の必要なケースに対しても、競技の現場に即して、競技への復帰をスムーズに行うための競技の状況をよく知ったカウンセラーによる心理的サポートの果たす役割は大きく、これが、スポーツカウンセリングの大きな役割の1つでもある。現実的な状況を考えると、医療を担当する精神科や心療内科の医師は、現状では必ずしもスポーツの現場やアスリートの現在いる状況について熟知しているわけではない。したがって、指導者との人間関係や、試合に向けてのコンディショニング、シーズン中の試合前の状況やオフシーズンの過ごし方など、さまざまな事柄について熟知しているスポーツカウンセラーが、そこを埋めることが必要となってくる。また、一般に医師の診療時間は短いが、カウンセラーは、ある程度長い時間をとることができる。アスリートとの信頼関係をじっくりと築き、さらに医学的治療が終結したあとも、サポートを継続することが可能である。

（2）スポーツカウンセリングと一般のカウンセリングの違いは何か

スポーツカウンセリングは、このような中で行われるが、一般のカウンセリングとは同様な面も多い。アスリートも、アスリートである前に1人の人間であるし、スポーツ以外の生活にも多く関わっている。もし、スポーツカウンセリングが非常に特殊なもので、一般のカウンセリングと異なっている

のであれば、スポーツカウンセリング以外にも、さまざまな職業の専門カウンセリングが必要となる。実際には、このようなことがないわけではない。たとえば、産業カウンセリング、学校カウンセリング、などである。しかし、これらのカウンセリングも専門性も持ちながら、一般のカウンセリングと同様な面が多くあり、基本的なカウンセリングの知識の上にある専門性、特殊性の知識とともに成り立っていると考えられる。スポーツカウンセリングは、スポーツの世界を知らなくては理解が十分にできない面もあろう。しかし、一方でクライエントを取り巻く環境については、クライエントが100名いれば100通りの異なった環境がある。したがって、クライエントを取り巻く競技や私生活を含めたさまざまな状況を直接聞くことができれば、そのような状況についての理解はカウンセリングを通して、深まっていく。スポーツカウンセリングの仕事に興味を持ち、クライエントの話を多く聞くようになれば、クライエントを取り巻くさまざまな状況も理解できるようになるはずである。その中でもっとも重要なのは、クライエントの周りに広がる世界をクライエントがどのように感じているのかを十分に理解するため、クライエントとしっかり向きあう姿勢をもつことである。これはスポーツカウンセリングだけでなく、カウンセリング一般に通じることでもある。スポーツカウンセリングは臨床心理学の上に成り立ち、一般のカウンセリングと同様な面を持ちながら、スポーツの特殊性についても配慮しながら行うというような考え方がよいと思われる（図1.6）。

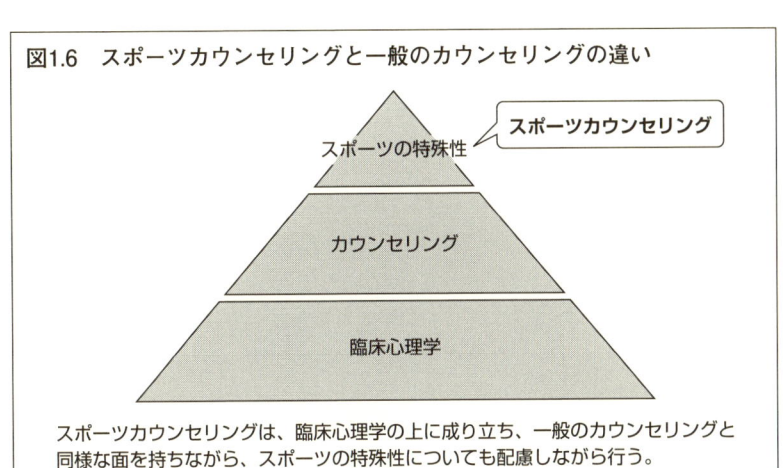

図1.6　スポーツカウンセリングと一般のカウンセリングの違い

スポーツカウンセリングは、臨床心理学の上に成り立ち、一般のカウンセリングと同様な面を持ちながら、スポーツの特殊性についても配慮しながら行う。

memo

スポーツカウンセリングとメンタルトレーニング

　本書は、メンタルトレーニングについての書物ではないのでメンタルトレーニングについての解説はしていない。しかし、スポーツカウンセリングとメンタルトレーニングは、異なったものではあるが、その間にはっきりと線引きができるものでもない。たとえば、競技に対する過度の緊張感を和らげて競技力を上げる方法として、目標設定、リラクセーション、サイキングアップ、メンタルリハーサル、イメージトレーニングなどさまざまなメンタルトレーニング技法があるが、その背景にはアスリートのパーソナリティーの問題や、家庭の問題などが隠れている場合もある。

　こういった面へのカウンセリングが結果として競技力の向上につながることも多い。この場合は、スポーツカウンセリングが一側面ではメンタルトレーニングとしても働いているのである。また、メンタルトレーニングのさまざまな側面で、スポーツカウンセリング的な相談事が、メンタルトレーナーとアスリートの間に出現することもある。したがって、メンタルトレーニングを専門とする人たち、あるいはチームの中にメンタルトレーニングを取り入れようとする人たちも、スポーツカウンセリングの基本的な知識については知っておいたほうがよい。

第2章 臨床心理学の基礎

Key word　カウンセリングの対象　カタルシス　精神力動　精神分析学　無意識　抑圧
　　　　　フロイトの心のモデル　現実原則　快楽原則　防衛機制　抵抗　転移・逆転移
　　　　　行動論　認知行動療法　人間性心理学　自己実現　クライエント中心療法

2.1 カウンセリングの対象となるもの

　臨床心理学の対象は、あるいはもう少し狭い意味で**カウンセリングの対象**はどのようなものであろうか（図2.1）。これにはさまざまな考え方があるとは思うが、1つの考え方として「心理的要因によって、自分自身、あるいは周りが悩むケース」というものがある。まず第1に心理的要因でなければ、カウンセリングの対象にはならない。過度の興奮状態があったり、過度の不安があったり、また不眠などさまざまな症状が出現していても、その原因がたとえば脳腫瘍のような器質的な原因によるものであれば、カウンセリングをする意味は直接的にはない。したがって、カウンセリングの対象がこういった問題に起因していないかどうかについては、一通りの注意をもって臨むことも大切である。

　次に、誰に悩みがあるのかである。自分自身が悩んでカウンセリングに来ることは通常見られることであるが、そればかりではなく周りが悩むという場合もある。たとえば、自分の考え方が指導者と合わないといって自分自身のやり方を通そうとする。また、そればかりではなく、指導者に従ってトレ

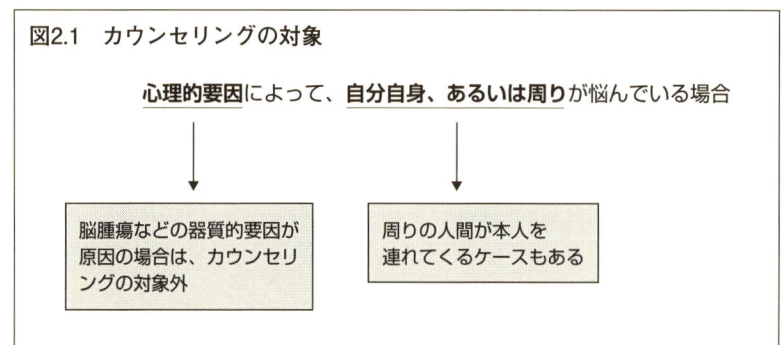

ーニングをしている仲間を、だめだと批判し、そのような練習方法はおかしいと騒いで周りの人間にも影響を及ぼす。そのために、チームとしてのまとまりがなくなり、チーム全体が困ってしまうが、本人は競技者としては優れているので、何とかしたいというような場合である。こういう場合は、周りの人間が本人を連れてくるので、カウンセリングの治療にうまくのってくるかどうかは難しい場合も多いが、対象としてカウンセリングが成立し、問題解決に向かう場合もある。

> **memo**
>
> ### 取り扱える問題かどうか
>
> 　このように、カウンセリングの対象となるケースはさまざまではあるが、そこに心理的な問題があればまずは話を聞き、そこにどのような構造があるのか、また自分が扱える範囲のケースであるのか、協力を求められる人たちにはどのような人がいるのかなどについての情報を得たうえで、取り扱える問題であればカウンセリングを始めるほうがよい。最初から、取り扱うのが難しい問題を、そう気づかず、あるいは気づいていても自分で何とかしようと思い、あとで困難な状況になるというケースは、意外に多くある。したがって、最初のうちは経験のあるスーパーバイザーに相談できる状況で話を聞くようにしたほうがよい。また、教員などの場合もこのような心の問題を取り扱うことが多くあると思うが、他の経験ある教員の意見や、もしスクールカウンセラーなどがいれば、そういった人たちの意見を聞きながらカウンセリングを進めていくということは、密室の中でにっちもさっちもいかなくなることを防ぐ意味で、重要な導入の部分でもある。

2.2 心のとらえ方

　この本の読者は、人の心の問題に興味のある人たちであろうから、友人や競技者からさまざまな相談を受けることも多いのではないだろうか。学生の読者であれば、友人と夜を徹してさまざまなことを語り合うこともある。そしてそのような時には、悩みを打ち明けられ、相談にのることもあろう。あるいは、自分が相談にのってもらうこともある。そんな時に、いろいろな話をして気持ちがすっきりしたという経験を持つ人も多くいるのではないだろうか。

　カウンセリングという視点から見れば、悩みを話す相手がいる、あるいは誠実に話を聞いてくれる相手がいるということだけで、多くの場合治療的な意味がある。相手に話をする、その話を「うん、うん」と言って、聞いてくれる人がいる。親身になって一緒に考えてくれる人がいる。そのことだけで、悩みを持った人は気持ちが軽くなる。このような効果を、**カタルシス**と呼ぶ（図 2.2）。

　カタルシスはギリシア語で「清く洗浄する」というような意味で、自分の中にあるものを吐露することによって、心の中を洗い流すというような意味である。後述する精神分析学（2.3 節参照）では、「病因的情動の適当な解放に求められるような精神治療の方法（「精神分析用語辞典」みすず書房より）」などと定義されるが、ここでは、悩みを吐露することによって、気持ちが晴れるというような意味と考えてもらえればよい。

　しかし、カウンセリングを専門として行う場合の背景としてはこのように、ただ話を聞くだけでなく、もっと専門的な知識を持っていなければならない。専門的な知識とは、語られる悩みに対して、それをどのようにとらえ、どのような枠組みで対応していくのかということである。（もっとも、専門的な知識を持っていれば、良いカウンセリングができるというものでもない。カウンセリングには、自分自身がある程度中立的な立場で話を聞けるという能力も必要である。）

　実際のカウンセリング場面において、カウンセラーはクライエントの悩みを真剣に聞いているが、一方で語られる問題を整理し、問題の背景にある構造を分析し、またクライエントの資質についても評価し、これからどのよう

図2.2 カウンセリングには専門的な知識が必要

に対応していくのかについて、さまざまな選択肢を考えている。そのようなカウンセリングのテクニックは、経験なくしては身につけることができないものではある。しかしながら、一方で先人たちのさまざまな経験から、一定の形で定型化された心のとらえ方というものも存在する。このような定型化された臨床心理学における心のとらえ方を知識として学ぶことは重要である。

本章では、心のとらえ方として 2.3～2.5 節に 3 つの方法（精神力動的・行動論的・人間性心理学的）を挙げた。これらの方法は、先人たちのさまざまな経験の中で培われてきたものであり、どれが一番良いというものではない。それぞれが特徴を持っており、カウンセラーは 1 つの方法に固執することなく、さまざまなアプローチの方法を持っていることで、クライエントの特徴やクライエントの置かれているさまざまな状況に応じた柔軟な対応が可能となる。また、カウンセラーにとって得意な方法というものもあり、自分の得意な方法を用いたほうがクライエントの問題にうまく対応できるという面もある。これらについて、基本的な知識を学ぼう。

2.3 精神力動的な心のとらえ方

精神力動とは、Psychodynamics の和訳である。精神分析学の創始者ジグ

ムント・フロイト（1856〜1939）や分析心理学の創始者カール・グスタフ・ユング（1875〜1961）の考え方が継承される中で発展してきた、心のとらえ方についての代表的な理論である。**精神分析学**は、この理論をもとに実践を行う。したがって、精神力動的なとらえ方とは、精神分析学的なとらえ方だと考えても大きな間違いはない。対面式のカウンセリングでは、この考え方が基本ともなる。ここでは、主にフロイトの理論を中心として、その基本的事項について説明する。

A. 無意識

フロイトは、精神的に病んださまざまな状態を治療する中で、「**無意識**」が病態の形成に大きな役割を果たしていることに気がついた。そのような「無意識」は、意識にのぼらせることに大きな苦痛や抵抗を感じる事柄が「**抑圧**」されたものであり、抑圧の結果として病的な状態が生まれてきたと考えられている。

ジグムント・フロイト
(1856〜1939)

「無意識」の概念は、多少とらえにくいかもしれないが、無意識による行動は、正常な生活を送っている人でも日常生活の中で頻繁に見られる。たとえば、コーチは選手に対して公平に接しているようでも、ある選手に対しては特に厳しく、他の選手にはさほど厳しい言葉をかけないなどということは時にある。また、監督が競技の技能や特質とは別の要素で選手を選ぶこともある。このような場合に、そのことを指摘しても、さまざまな理由があってそうしているということを答えるのみで、そんな差別はまったくしていないと答えることはよくある。

あるいは、スポーツとはまったく離れた場面でも、勉強をしなければならない時に、普段はまずしない掃除を始めたりすることがある。端からみると、掃除をしなくても勉強ができる状況であり、明らかに勉強を避けているように見えるが、当人はそうでないと言う。

このような無意識は、他にも実際の行動の中でさまざまな形で見え隠れする。たとえば、言い違いや度忘れ、などである。自分の直面したくないことを無意識に避けるということの結果であると考えられる。言い違いや度忘れ

が、すべて抑圧された無意識の結果であると考えてよいかどうかはわからないが、実際にカウンセリングをしていると、話の中である内容の問題についての話をしようとしても、その問題を避ける傾向などがみられ、そのことをクライエントは意識していないということが多い。たとえば、父親の話をしようとしても、なかなか話が深まらないというようなことである。

B．自我・エス・超自我

このような無意識の概念について、フロイトはかなり具体的な提案をしている。図2.3に示したのは、非常に有名な**フロイトの心のモデル**である。心は、決してこのような卵形をしているわけではないが、フロイトの考え方を学ぶうえでは、重要なモデルである。

フロイトの原図では心のメカニズムの基本構造として「ICH（自我）」、「ES エス（イド）」、「ÜBERICH（超自我）」の3つのコンポーネントが大きな字で記載されている。真ん中にある自我が、現実世界の窓口になっている、外から見える自分自身と考えてみよう。自我は、現実的に適応できるための**現実原則**に従う。矢印の付いているエス（イド）と超自我は、自我に影響を及ぼす心のコンポーネントである。

エスは本能的な欲動を表し、**快楽原則**、つまり「気持ちがいい方向に行動するという原則」に従う。快楽原則に従って行動するのは、乳児である。「お腹がすけば、泣く」「お腹がいっぱいになれば、笑う」など、乳児はこういった快楽原則に従って行動する。

一方、超自我は、いわば規範や規律、あるいは倫理というようなものである。「お腹がすいても、食事の用意ができて皆がそろうまでは待とう。みんなの手伝いをしよう」などという考え方で、自我に対しては、エスからの快楽原則による行動に、禁止命令を出すような働きを持っている。

さらに、このモデルには意識という側面から、「意識」「前意識」「無意識」の3つが比較的小さい文字で記載されている。「意識」について定義するのは非常に難しいが、この図では知覚と並んで記載されていて、いつも自分自身がそのことをモニターできるものと考えることができる。そして、「前意識」は、意識よりもしっかりとはモニターしにくいもの、「無意識」はそのようなメカニズムが心の中に存在はしているが、自分自身でモニターできないものと考えてみよう。モデルでは、エスは無意識の領域に存在してい

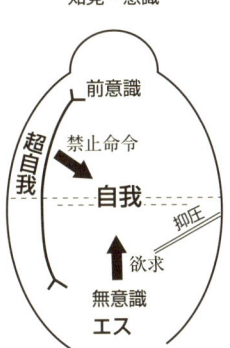

図2.3 フロイトによる心のモデル

知覚・意識
前意識
超自我 禁止命令
自我
抑圧
欲求
無意識
エス

影響を与える
- 自我：現実世界の窓口。現実原則に従う
- エス：本能的な欲動。快楽原則に従う。イドとも呼ばれる
- 超自我：規律、倫理。エスからの快楽原則による行動に禁止命令を出す

る。また、超自我は前意識と無意識の間に存在して、自我に影響を与えている。自我そのものは前意識と無意識の間に存在しているが、これが意識となって、実際の行動となり現れる。

ところが、超自我やエスが過剰に強く、自我が超自我とエスの折り合いをつけられない状況が生まれるとそこに「不安」が生じ、不安を取り除くための病的な状態が起きる場合がある。たとえば、洗浄強迫という「際限なく手などを洗う状態」があるが、これは何らかの不潔さに結びつく経験が特別な形の親の死などと結びついて「抑圧」され、内在化された結果である場合がある。このような場合は、不潔さが親の死などの不吉さに結びつくという不安から超自我が過剰に働き、このときに出現する不安を取り除くために、病的な行動（洗浄）が起こる。精神力動という言葉が、どのようにして作られたのかすぐには理解しにくいが、このようにエスの力や超自我の力などの相互の力関係から精神のメカニズムが行動に表れるという考え方であると考えるとよい。このような心のメカニズムの基本構造ができあがるプロセスとしての「発達論」がある。心の発達については3章で後述する。

C. 防衛機制と抵抗、転移・逆転移

　精神力動的な心のとらえ方によるカウンセリングを行う中では、これまでの研究で蓄積された幾多の知識を理解しておくことも重要である。その中から**防衛機制**および**抵抗**、そして**転移**と**逆転移**について説明する。

（1）防衛機制（表 2.1）

　上記に説明したように、現実原則の中で折り合いがつかないと、不安が生じる。この不安は、必ずしも病的な状態ではなく、通常の日常生活の中でも生じてくるものである。たとえば、「今度の試合では、優勝して世界選手権への権利を手にしなければならない」としても、「世界選手権など、どうでもよい」のであれば、不安は生じない。「優勝しなければならない。そうしなければこれまでの努力も無駄になってしまう。応援してくれる人にも申し訳ない」という気持ちがあれば、そこに不安が生じる。この不安を取り除くために、一生懸命練習するのは、非常に直接的な行動である。したがって、不安そのものは、必ずしも悪い面だけではなく、むしろ不安を解消するために人は努力するという場合も多く、不安のために多くのことが達成されることもある。しかし、不安があまりに強すぎると、不安を取り除くための別のメカニズムが働くこともある。これらのメカニズムが「防衛機制」である。防衛機制は、普段の生活の中にも多く見られ、必ずしも病的なものばかりではない。しかしながら、それが過度になったり、頻繁に見られたりすると、時に目的達成の障害になる。防衛機制の主なものを表 2.1 と図 2.4 に示した。

表 2.1　防衛機制の例

種類	説明	例
否認 Denial	受け入れることが難しい現実を、意識しない。なかったことにする	優勝できなかったにもかかわらず、そのことを話題にもせず、いつものような生活をしている
抑圧と抑制 Repression and Suppression	受け入れることが難しい現実を、完全に忘れてしまう（抑圧）、意識の隅に追いやって意識しないようにする（抑制）	試合があったことをきれいに忘れてしまう（健忘：時に病的状態）。試合の負けをほとんど、意識しないようになってしまう
投影・投射 Projection	自分の持っている感情や考えを、他人が持っていると考える	あいつは、あの監督の采配は駄目だと思っているんだ。そう思っているやつは多い

（次ページに続く）

種類	説明	例
置き換え Replacement	たとえばある対象に怒りを覚えた場合、その怒りをその対象に直接ぶつけるのが難しいとき、怒りや対象を置き換える	監督の采配に、怒りを覚えるが監督には怒れないので、家族のちょっとした間違いに過剰に怒り散らす（八つ当たり）
反動形成 Reaction formation	ある方向の気持ちが現実に受け入れられないものであるとき、逆の行動をする	監督の采配に、怒りを覚えるが監督には怒れないので、自分の中で無意識に監督の采配に賛成であることにしてしまう
退行 Regression	発達的により早期の心理段階に戻り、大人としての対応を避ける	監督から注意を受けたあと、「そーんなこと言ったって、できないんだビョーン」などと、子どもじみた態度をとる
同一視 Identification	ある対象を自分と同一とみなして、自分がそれだけの力があるように思う	スター選手のユニフォームを着たり、プレースタイルを真似て自分が自分以上の能力を持っている気持ちになる
合理化 Rationalization	そのままでは、自分の中に受け入れられない事柄に、受け入れられるようなうまい説明をつける	今回の試合では、良いプレーができなかった。やっぱり、前の日に練習をしすぎると駄目だ
分離 Isolation	自分自身の感情と理屈を分離して、あたかも感情がないように説明する	「今シーズン下部リーグに降格したことで、多くのファンは失望することになるでしょう」などと、降格が決まった後の試合で、選手がファンの感情を主体に話をする
昇華 Sublimation	自分あるいは社会が受け入れることができない欲求を、他の方向へ置き換える	性的な欲望を、スポーツでの達成感に置き換える
補償 Compensation	自分が達成できない劣等感を、他のことで補う	俺はスポーツはいくらやっても、友達に勝てない。勉強で頑張る

図2.4 防衛機制の例

退行の例

同一視の例

イチローのフォームを真似る

（2）抵抗

「抵抗」とは、クライエントの「治療に対して逆らう力」を意味する。クライエントは少なくとも自分が困っていて、このことを何とか克服しようとカウンセリングに来るわけであるから、これに抵抗するのは本末転倒ではないかと思うかもしれない。しかし、このような抵抗はしばしば生じる。簡単に言うと、これは、自分の治療のプロセスが怖いからである。防衛機制が極端になったものが症状と考えると、症状によって本人は守られている（防衛されている）わけである。したがって、治療によってこれが解かれると、本人は問題の本質に直面しなければならなくなる。まだ十分に直面するだけの力を持っていなければ、これに直面することには非常な不安と痛みを感じる。これから逃れるために、治療への抵抗を示すわけである。クライエント自身としては、よくなりたいが怖いという非常に相反的な気持ちが綱引きをしている状況である。

抵抗はさまざまな形で現れる。たとえば、いろいろな理由をつけて約束したカウンセリングのセッションに来ないというのが一番よくある形である。その他にも、カウンセリング中の話に対して熱心でない様子が見られたりもする。このような抵抗が現れた時には、あまり無理せずしばらくは静観するのがよいこともある。本来的にクライエントは治療によって問題を解決したいとは思っているので、クライエントの中でその力が熟してくる時間を待って、治療を進めるのがよい方法だといえる。

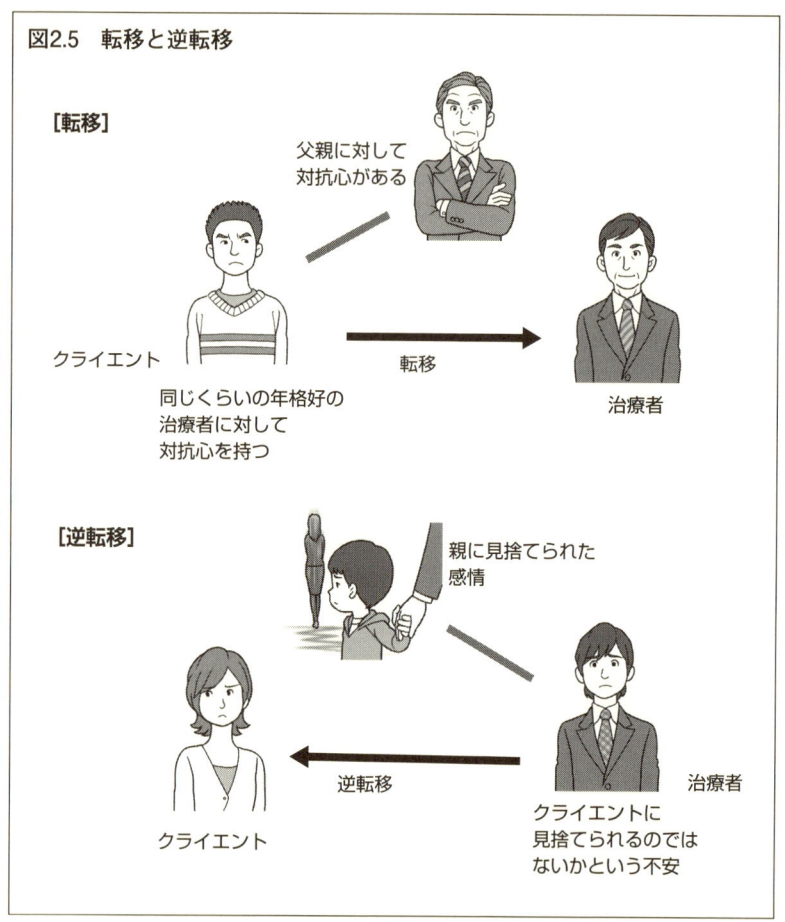
図2.5 転移と逆転移

（3）転移と逆転移（図2.5）

「転移」と「逆転移」は、過去に関係した他の人との（未解決の）感情が、現在の治療関係の中に映し出されることをいう。転移は、クライエントから治療者への感情を、逆転移は治療者からクライエントへの感情のことを指す。転移の中で、「好き」「尊敬している」などの良い方向の感情を、「陽性転移」、逆に「嫌い」「信用できない」などの悪い方向の感情を「陰性転移」と呼ぶ。転移や逆転移は、精神力動的な視点でカウンセリングを行う場合には、常に注意を要することであるので、しっかり理解しておくことが重要で

ある。

　たとえば、父親に対して非常に対抗的な感情を持っているクライエントは、年格好の似た治療者に対して、父親に対するのと同じような感情をぶつけてくることがある。これは、陰性転移の例である。このような転移は、治療場面からやや外れて、指導場面でも見られる。クライエントが監督に対して、現実の評価とは外れた判断が見られる場合は、転移感情がそこにある可能性がある。

　治療の場面においては、治療者の経験が少ないと逆転移が容易に生じて、クライエントに振り回される場合もある。治療者が、幼少時に親に見捨てられるなどの経験があると、クライエントが自分の話に賛成しないことに対して見捨てられるのではないかとの不安を覚え、クライエントの意見に媚びるような態度になり、そのような関係から治療が遅々として進展しないということもある。また、陽性転移を勘違いして、本質的な治療関係になかなか入れない場合もある。

　よくあるのは、異性のクライエントから恋愛感情を持たれるという場合である。治療関係の中での恋愛感情は、しっかりと統制しなければ、治療は成り立たない。時に、そのような転移から治療者も陽性の逆転移を持ったり、過剰な反応になってクライエントを攻撃したりして、良好な治療が保たれないことも多い。

　転移、逆転移の取り扱いは、経験があってもなかなか難しいものであるが、しっかりとクライエントの感情、自分の感情に注意をして、そのような可能性があれば、たとえばスーパーバイザー（カウンセリングの指導者）や同僚に相談するなど、客観的な意見を聞いてみるのも１つの方法である。

D. 注意すべきこと

　実際に、精神力動的なカウンセリングを行っていくには多くのトレーニングが必要である。カウンセリングの流れの中で、クライエントの幼少期からの心の構造や問題点がある程度わかってきても、それをクライエントが受け入れられるようになるまでは言語化せず、クライエントの回復の進展（あるいは成長）を待つことも多い。トレーニングを受けずにカウンセリングを行うと、必要以上に、そういったことを指摘してしまい、受け入れられないことを指摘されたクライエントが深く傷ついて回復が遅れたり、時に自殺に追

いこんでしまうことさえある。また、先に述べたように、自分自身の逆転移を制御できずに、治療関係が膠着する、あるいは泥沼化するということも起こる。

　精神力動的な考え方は、クライエントの行動を理解するうえで役に立つが、まずは、理解するだけにとどめておき、自然に本人がそのメカニズムに気づき始めて話すまでは、黙っているほうがよいという場合も多くある。このような意味で、こういった知識を振り回さないように、よく注意する必要がある。このような精神力動的な治療を始める場合は、必ず十分な経験のあるスーパーバイザーの下で行う。繰り返しになるが、そのような配慮なしに、経験の基盤上にない知識のみで治療を行えば、かえってクライエントに害を及ぼしてしまうことになるからである。

2.4　行動論的な心のとらえ方

A. 行動論とは　～心を行動で測定する

　本来、心理学は心を扱う学問であったし、また現在もそうである。しかし、あるものを美しいと感じる心について、どのくらい美しく感じているのかを正確に測定するのが困難であるように、心の働きを定量的に測定するのは非常に困難である。そこで、心理学者はある時期から心ではなく「行動」を測定するようになった。これが**行動論**である。行動の測定をすることにより、心理学を自然科学の枠組みに組み込むことも可能になり、心理学で動物実験を行うこともしやすくなってきた。このような実験で行動を測定するというのは、たとえば、不安な気持ちを測定する場合、ネズミが、周りを囲われた場所と囲われていない場所を、自由に行き来できるようにしておき、どのくらい囲われていない場所に出てくるのかを、その回数や時間によって測定して数値化するという方法である。これを不安の指標と定義できるかどうかが大きな問題なのであるが、そこは目をつむっていったん定義してしまえば、これを不安の量的な指標とすることができ、どちらの実験条件がより不安かを明瞭に示すことができるようになるという具合である。

　この流れは、プラグマティズム（実用主義）の考え方から、20世紀のはじめに、主にアメリカ合衆国で心理学者（J. B. ワトソンら）が「行動主義」を唱えることに始まる。この流れが、次第に、脳波などの測定によって

心の本態を明らかにしようとする行動科学や生理心理学の流れを生むことになる。

B. 行動論的治療法

こういった行動主義の流れの中で、臨床心理学の分野では行動論的治療法が生まれてきた。この治療法は「行動療法」と呼ばれ、これについて詳しく解説したH. J. アイゼンクの「行動療法と神経症（Behavior Therapy and Neurosis）」が1960年に出版された。

行動論のキーワードは「学習」である。単純化して言えば、行動論ではすべての問題行動は学習されたものであるという考え方をする。アイゼンクは、「あらゆる行動は、学習のされたものであって、不適応でさえも学習による結果である」と言っている。たとえば、先に述べた洗浄強迫も、過剰に手を洗うということを学習したためにこのような問題が起きているので、問題のない行動を再学習するという方法が治療に結びつくという考え方である。行動論的治療法のいくつかを具体的に示そう。

> **memo**
>
> **メンタルトレーニングと行動療法**
>
> メンタルトレーニングでは、このような行動療法的な方法が多く使われている。リラクセーション法やイメージトレーニング、あるいはバイオフィードバックなどの方法は、行動論的な方法に則った方法であり、また有効な方法である。カウンセリングにおいても、このような方法はケースによって、非常に有効である。

（1）系統的脱感作療法（図2.6）

行動論的治療法の1つに系統的脱感作療法がある。脱感作というのは、アレルギー治療などでも用いられる言葉である。アレルギー治療の場合は、たとえばブタクサの花粉に対するアレルギーがある場合は、非常に弱いブタクサ花粉のアレルゲン（アレルギーのもとになるもの）を長期にわたって注射して、このアレルゲンに慣れさせることにより、自然界のブタクサにもアレルギー反応を起こさなくさせるという治療法である。

臨床心理学における系統的脱感作療法は、これと同様に比較的弱い不安状態を経験させることで、まずは弱い不安、不安に対向する反応を強化させて

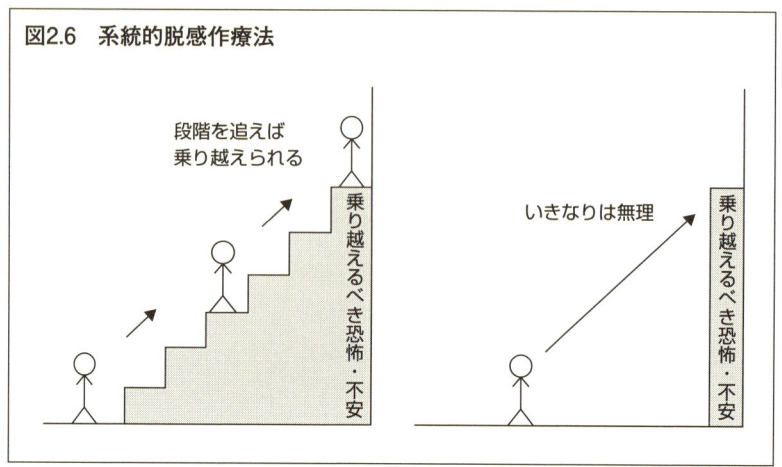

図2.6 系統的脱感作療法

いき、次第に現実の不安に近づけていく技法で、精神科医ジョセフ・ウォルピによって考案された。実際には、高所恐怖や対人恐怖などの恐怖症に適応される。我慢でき、そこでリラックスできる程度の高さを克服していくことから始め、次第に高いところでも大丈夫になっていくという方法である。その他にもさまざまな状況で、不安の度合いを階層化し、その階層ごとに不安を克服していく方法が取られる。

（2）チックの負の練習法

チックというのは、たとえば顔を瞬間的にしかめるなど、急速で不随意な動きを呈する疾患である。治療としての負の練習法では、チック症状にあたる顔のしかめを何度も何度もさせて、その行動を起こすのが億劫になるような状況をつくり、症状を軽減させる方法である。負の練習法は、A. J. イェーツによって提唱され、チックの治療法として一定の効果があると報告されている。

（3）認知行動療法

認知行動療法は、今日うつ病の治療などで非常によく用いられている治療法である。もともと、行動論のもとになったパブロフの理論（条件反射）にみられるように、「刺激⇒反応」という学習のモデルがベースになっているが、A. T. ベックの認知理論によれば、刺激と反応の間に認知のプロセスがある。図2.7に示したように、ABCという3つのプロセスが提案されている。この中で、BのBelieves＝「信じこみ（認知)」のプロセス、これを認

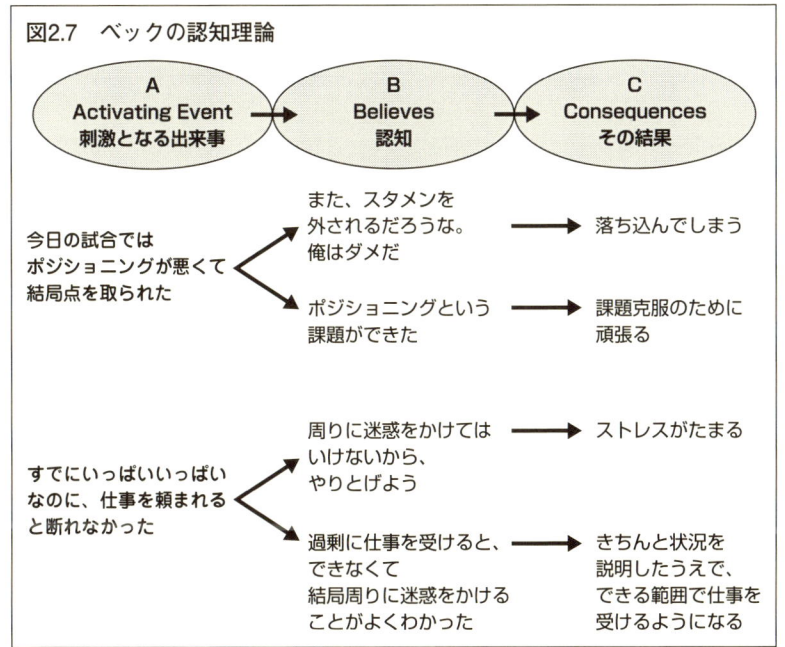

知のプロセスと考えていて、これをより適切なものにすることによって、結果が変わってくるというものである。そして、不適切な認知をより適切な認知にする変化のプロセスに、行動療法を取り入れたものを認知行動療法と呼んでいる。

　具体的な例を示そう。たとえば、人から仕事を頼まれると嫌と言えない人がいる。そういう人は、結局のところ自分でできないほどの仕事を抱え込み、周りに迷惑をかけないようにとさらに過剰に仕事をし、ストレスがたまってうつ病になる。同じような行動をしていたら、治療によっていったん良くなっても、同じ状況で仕事に戻ればまたうつ病になってしまう。そういう時に、「現在、これだけ仕事があるから、もしできるとしても1週間後になります」などと、人に言えるようになる。自分の仕事量を見渡して、そういった判断ができるようになる。過剰に仕事を受けると、結局また体調を崩して、よりいっそう周りに迷惑をかけることになるという判断ができる。このような行動がとれるようになれば、刺激に対する認知のプロセスが変わり、悪い結果を回避できるようになってくる。

2.5 人間性心理学的な心のとらえ方

A. 人間性心理学とは

人間性心理学は、「人間にはすべからく、生きる強さが備わっている」という大前提から出ている。人間性心理学的な研究は、そういった意味では、理論や理屈を介さない直接的な人と人とのつながりに根ざした考え方であり、ある意味では理論が立ち入れない領域を前提として組み立てられるとも言えるし、また本来の人間（あるいは生物）らしさに根ざした考え方であるとも言える。このような考え方は、比較的新しい考え方で、精神力動論を第一の心理学、行動論を第二の心理学とした場合、人間性心理学を第三の心理学と呼ぶこともある。

キーワードは「**自己実現**」である。つまり、本来的に人間には自分自身を価値あるものとして、主体的に自己実現をしていくという能力が備わっていると考え、これを引き出し伸ばしていくことが治療につながっていくと考える。このような考え方は、非常に肯定的な考え方であり、好感を示す読者も多くいると思われる。事実、治療のある側面では、このようなカウンセラーの肯定的な考え方が、クライエントの回復を促す場面も多く見られる。

B. アブラハム・マズロー

人間性心理学の創始者は、アブラハム・マズローである。A. H. マズローの残した業績で有名なものに、「人間の欲求階層説」がある。図 2.8 に示したように、人間にはさまざまな欲求が階層状の構造になって存在しており、その底辺の部分の欲求が満たされる中で、さらに上位の欲求が現れてくるというものである。古い中国の考え方にも同様のものがある。「衣食足りて礼節を知る」このような故事成語にも同様な考え方がみられるということは、マズローの考え方は、人間の生きざまに直結した考え方ということもできよう。

C. カール・ロジャーズ

このような、人間性心理学的考え方をさらに、治療という視点で発展させたのがカール・ロジャーズである。C. R. ロジャーズは、臨床心理学という

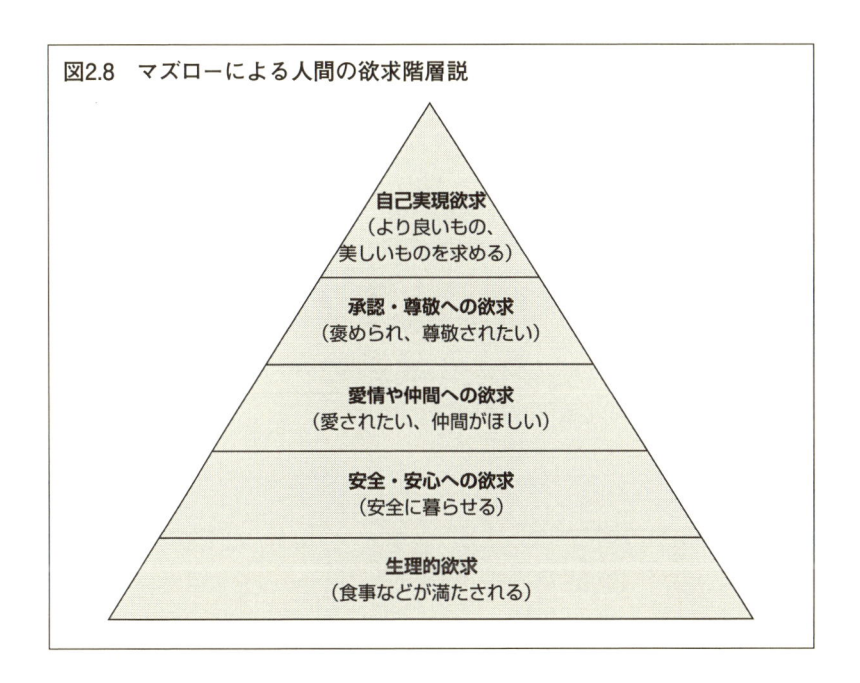

図2.8　マズローによる人間の欲求階層説

- 自己実現欲求
  （より良いもの、美しいものを求める）
- 承認・尊敬への欲求
  （褒められ、尊敬されたい）
- 愛情や仲間への欲求
  （愛されたい、仲間がほしい）
- 安全・安心への欲求
  （安全に暮らせる）
- 生理的欲求
  （食事などが満たされる）

医学から離れた立場でカウンセリングを確立させたという点でも大きな功績を残した人である。現在、臨床心理学の分野において、ロジャーズの考え方をもとにカウンセリングの実践を行っている臨床心理カウンセラーは非常に多い。

　彼の治療法は1940年代に確立されたもので、**クライエント中心療法**（Client-Centered Therapy）と呼ばれる。従来の治療法が、治療者とクライエントの間に権威主義的な側面があることで、クライエントが硬化し、これが治療上の妨げになることから、常にクライエントを中心に治療を行うこの治療法を提唱した。この中で、治療される人を患者と呼ばずにクライエント（来談者）と呼んだのもロジャーズである。クライエントが自発的に回復に向かうのを治療者はサポートするという考え方は、まさに人間性心理学に根ざした考え方である。一方で、彼の自己理論などは、精神分析学的な考え方のニュアンスを感じる面もある。彼の治療法自体が、もともとは、精神分析学的治療法の中からその問題を解決していく方法で発展してきたことによるものであろう。

　彼の自己理論は、自分自身を自分でどう思うのかという自己概念からな

る。これは、客観的にみて、あるいは多くの人たちの評価として、その人自身がどうかということではなく、自分自身が自分のことをどう認識しているのかということである。たとえば、日本でチャンピオンになりオリンピック代表になった選手がいたとしよう。それは、素晴らしいことである。そして、その選手は努力の末にこの座を勝ちとったのである。しかし本人はそう思わない。「私のような者が、たまたま日本代表になったのは、本当に実力のある他の人たちに申し訳ないことだ」と考える。そして、オリンピックでは、銀メダルとなる。「私が選ばれたばかりに、日本に金メダルをもたらすことができなかった」そう思う。実際はそうではない。素晴らしい努力をし、そして素晴らしい成績を勝ちとった、これが一般的な評価である。このような「概念の中の自己」と、高い評価を受けるべき「現実の自己」の間に大きな違いがあると、そこに現実への適応に対して不安定な状態が生じてくる。これを、「自己不一致」と呼ぶ。ロジャーズは、この自己不一致を、自己一致に近づけていくのが治療であると考えている。

　このような治療を行う条件として、ロジャーズは6つの条件概念を挙げている。それらを表2.2に示した。これらの中で、4、5が最も重要な概念で、治療者の条件でもあり、ロジャーズの提唱するクライエント中心療法の中心的概念でもある。

　実際にカウンセリングを行っていると、このような概念が非常に重要なことであることがわかる。クライエントの考え方に対して十分な共感があって初めて、クライエントは心を開き、そして受け入れられなかったさまざまな自分自身の現実を、治療者の援助によって受け入れられるようになるものである。たとえば、「あなたは、物事を完璧にやりすぎようとするので、失敗するのですよ」ということも、権威主義をもっていきなり偉そうな態度で言われれば、クライエントはカウンセリングにそれ以降やって来ないかもしれない。しかし、自分のことを十分に肯定的にとらえてくれ、親身になって考えてくれるカウンセラーに言われるのであれば、「そうかもしれない」と自己不一致を受け入れられるであろう。

2.6　心のとらえ方とカウンセリング

　ここまで、精神力動的なとらえ方、行動論的なとらえ方、そして人間性心

表 2.2　ロジャーズによる治療の 6 つの条件（【　】内に筆者のコメントを記した）

1. クライエントと治療者の間には一定の意思疎通があり、関わりあうことができて初めて心理療法的関係が成り立つ。
   【この関わりあうということは、意外と難しい】

2. 第一の人（＝クライエント）は自己不一致の状態にあり、傷つきやすいあるいは不安な状態にある。
   【クライエントが治療が必要な状況であるということ】

3. 第二の人（＝治療者）はこの関係の中では（＝クライエントといるときは）自己一致しており、統合されている。
   【これが、治療者の大切な条件。つまり、治療者が治療が必要な不安定な状態では、治療は成り立たない。さらに、以下に 3 つの治療者の条件がある】

4. 治療者はクライエントに対して「無条件の肯定的な配慮」を行っていること。
   【自分の考えがどうあれ、クライエントの考えがどうなのかということを、肯定的にきちんと聞く態度を常に維持しているのかどうか。これは、実践してみると非常に難しい】

5. 治療者はクライエントの内的枠組みについて「共感的理解」を経験しており、この経験をクライエントに伝えようと努めていること。
   【クライエントがどんな考え方の世界に住んでいるのかを、一緒に経験できるかどうかということが大切。これは、上記の 4 とも関連する】

6. 治療者の「共感的理解」と「無条件の肯定的理解」をクライエントに伝えることが、最低限度達成されること。100 パーセント達成しなければならない、というわけではない。
   【4、5 に示された 2 つの概念は、まさにクライエント中心療法の概念の中核を示すものである。しかし、最後に示された 100 パーセントでなくても良いということは、その方向に向いていることが重要であるということであろう。実際、100 パーセントとは何かと問われても、それが何かはわからない。】

理学的なとらえ方について学んできた。カウンセリングの場面では、純粋にこれらの考え方の 1 つだけを取り上げてカウンセリングをしている人はほとんどいない。これらの考え方のさまざまな面をその場その場で取り入れ、柔軟に対応する折衷案によってカウンセリングを行う場合のほうが多い。

　最後に示したロジャーズの考え方（表 2.2）は、カウンセリングを行う場合の基本姿勢としては非常に重要なものである。しかし、そのような態度で

クライエントに接する中でも、精神力動的な考え方で問題の本質を分析することもある。また時には、ロジャーズの考え方のようにクライエント中心に行っていたのでは、クライエントに振り回され、さらには症状が悪化するケースさえある。そういった時には、より指導的にクライエントに接することもある。したがって、どの方法が一番良いとは言えず、カウンセラーとしてさまざまな経験を積まなければ結局のところ良いカウンセリングはできないということになろう。

　しかし、ここに示した基本的な心のとらえ方を学ぶことで、ただ単に経験的に接するよりもより効率的に、またより深く詳細に、そして明確にクライエントの問題について考え、理解することができるようになるということも事実である。一方で強調したいのは、このような知識を少し付けたからといって、深い心理的問題を持った人に対して、決してカウンセリングの真似ごとによって乱暴な解釈を与えたり、強引な指摘をしてはいけないということである。むしろ、このような知識を付けることによってより注意深く、問題を持った人を見守り、もし問題が大きく自分の手に負えなければ専門家につなげられるような判断ができることが、より重要なことである。

第3章 心の発達

Key word

パーソナリティの形成　エリクソンの発達段階　基本的な信頼の獲得

間主観性　パラレル・プレイ　エディプス・コンプレックス

ギャング・エイジ　自己同一性（アイデンティティ）　素因・環境因

脳の発達　スキャモンの発達曲線

3.1 小児の心の発達

　精神力動的な心のとらえ方のところで示したが、乳児の行動は快楽原則に則っている（p.14 参照）。「お腹がすけば泣く」「お腹がいっぱいになれば笑う」である。読者の皆さんはどうであろうか。読者はすでに成人を迎えた年齢、若くとも高校生の方々と推測する。そのような人たちが、お腹がすいたと言っては泣き出し、それで用意してもらった食事を「おいしい、おいしい」と言って食べ、満足してケラケラと嬉しそうに笑っているのでは、まったくもっておかしなことである。成長すれば、多少お腹がすいても、食事の時間が来るまでは、必要なことをしながら待っている。レストランなど、それなりの場所で食事をするときにはそれなりのマナーを保って食べるであろう。乳児の泣き笑いの行動から、成人らしい行動に変化するというのは、乳児から成人の間に何らかの心の発達があったからである。このような心の発達はどのような時期に、どのように起きてくるのであろうか。

　また、人はそれぞれ異なったパーソナリティの特徴を持っている。非常に

几帳面な人もいれば、割と大雑把な人もいる。1つの間違いにくよくよ悩む人もいれば、あまり気にせず笑い飛ばす人もいる。このようなパーソナリティの違いは、生まれついてのものなのであろうか。それとも、生まれた後の経験から次第に形成されてくるものなのであろうか。このような、心の発達やパーソナリティの形成に関わる、さまざまな考え方について学ぼう。

3.2 心の発達とライフサイクル

　精神分析の創始者であるS.フロイトの娘である、アンナ・フロイト（1895〜1982）は、乳児や小児を観察することによって、心の発達について調べ、自我心理学の礎を築いた。エリク・H.エリクソン（1902〜1994）は、ライフサイクルという面から人の心の発達や変化をとらえた。このような人たちの考え方に基づいて、心の発達について考えてみよう。

A. 生まれて間もない子どもの世界
　生まれたばかりの赤ん坊は、もちろん心は十分に発達してない。先に述べたように、快楽原則によって行動が支配されている。一方で、0歳児の世界は、快楽原則に則っていても、母親なしでは生きてはいけない。お腹がすけば、自分から食事を用意して食べることはできないから、母親にお乳を与えてもらわなければならない。もし、ここで母親が泣いてもすぐにお乳を与えなかったりすれば、自分の欲求に対して誰か（これもこの段階では対人という概念が曖昧であろう）がそれを満たしてくれるという経験ができない。一方で、すぐにお乳を与えてくれる、おむつを汚せばすぐに替えてくれるということがあれば、自分の不快に対して、誰かが助けを出してくれるのだという気持ちが培われ、やがてそれは母親あるいは養育者への信頼となる。このような、新生児の生きるための叫びに対して、温かい手を差し伸べるということは、生きることを助けるだけでなく、その中で人への基本的な信頼を養う、対人関係の原点となる体験になる。

B. エリクソンの8つの発達段階
（1）乳児期〜幼児前期
　エリクソンは、一生を8つの**発達段階**に分け、それぞれの発達段階になす

図 3.1 エリクソンの発達図式

	1	2	3	4	5	6	7	8
老年期								統合×絶望【知恵】
成人期							世代性(生殖性)×停滞【世話】	
成人前期						親密×孤立【愛】		
青年期					アイデンティティ×アイデンティティ拡散【忠誠】			
学童期				勤勉性×劣等感【有能】				
遊戯期			自主性×罪悪感【目的】					
幼児前期		自律性×恥、疑惑【意思】						
乳児期	基本的信頼×基本的不信【希望】 ← ← ←	発達のテーマ	発達課題 / 心理的危機					

べき課題を示した（図3.1）。それによると、乳児期の大きな課題は、先に述べた「**基本的な信頼の獲得**」である。自分の欲求に対して、それを満たしてくれる母親がいるということは、人と人とが接する最も初期の課題である基本的な信頼の獲得のための重要なプロセスである。この時期に、母親が何らかの理由で子どもの世話をせず、お腹がすいてもすぐにお乳を与えられないなどの状況があると、身体的な発達に問題があるだけでなく、心の発達にも大きな影響を与えることになる。また、仮に栄養などが十分に与えられたとしても、母親の愛情を十分に感じられないと心の発達だけでなく、身体的な

発達にも問題が出ることも知られている。このように、この時期の母親の愛情は、乳児の精神・身体両方の発達にとって、欠かせない重要なものである。

　乳児の世界は、「**間主観性**」という言葉でしばしば表現される。一般的に「主観的には」というと、「自分自身の思う感覚では」というような意味で使われることが多い。確立した自我を持った人であれば、主観性がある。たとえば、空腹でレストランに行って、食事がなかなか出てこなかったり、少量だったり、非常にまずかったりすれば、それは悪いレストランだということになる。次はそのレストランには行かず、別のレストランに行く。しかし、乳児の世界では、空腹で泣いた時にすぐにミルクを与えてもらえなかったりしても、「母親に不満を持つ」という感覚はない。他の母親がどうかを知らないだけでなく、まだそのような複雑な概念を持っていないからである。このような場合、母親との関係の中で不安に満ちた状況が生まれるのである。逆にすぐにミルクを与えられれば安心した心地よい状況が生まれる。また、母親も乳児の満足感に喜びを感じるというような共鳴的な反応をする。また、それに対して乳児も安心感を増す。このように、乳児は、出生後、個体として物理的には母親と分離したが、心の発達という意味ではまだ分離をしておらず、母親と一体となった同調の中で形成される世界で生活をしていると考えられる。このような関係を「間主観的関係」と呼ぶ。

　1歳を過ぎると、多くの子どもは立ち上がり、歩けるようになる。1歳から3歳までの時期の課題は、自律性の獲得である。この時期には、すべて世話をしてもらっていた状態から、自分でできることが増えてくる。それまでは、抱っこをしてもらわなければ、移動もできなかったのが、自分の考えで自分の好きなところに移動できるようになる。移動できる範囲は、この時期にはどんどんと広くなる。こうして、次第に母親との共生関係から、母親からの分離－個体化のプロセスに進んでいくわけである。この時には、「すごいわね。何でもできるわね」とほめられれば、次第に自律性を獲得していく。このように、ほめてあげることは、自律性を獲得するうえで非常に大切な欠かせないことであることも理解できよう。ところが、この時期に不安の高い母親に育てられ、過剰に行動に制限が加えられたり、過保護な状況におかれると自律性が妨げられ、母親からの分離ができない状況が起こる場合もある。「あぶない！そんなことしちゃダメ」という具合にである。もちろ

ん、このように子どもの安全を十分に確保することも親の役割であることは言うまでもないが、これが現実的な安全を超えて過剰に起こると、子どもは自律性を獲得する経験をすることができなくなってしまう。

（2）遊戯期

さらに、3歳から6歳までの遊戯期とエリクソンが呼ぶ時期には、母親だけではなく、父親、兄弟、さらには友達への関心も高まる。みんなと遊べるようになる時期である。遊べるといっても、この時期の遊びは「**パラレル・プレイ（Parallel Play）**」といって、遊びの上の相互の関連なく、ただ同じ場所でお互いに並行して遊んでいるようなことも多い。しかし、このような状況でも、ひとりで遊ぶのとは異なった社会的な状況は存在していると考えられている。幼稚園保育園の就学前の子どもたちに、さまざまな競技を教えるスクールなどもさかんに行われているが、このような幼児の特徴について、コーチたちはよくわかっているように思える。たとえば、サッカーにおいてチームとしての連携はほとんどできないが、みんなでやるということに意義を見いだしているという具合である。

さて、この時期の発達課題は自主性の獲得であるが、母親以外の人たちへの関心が高まる中で、重要な発達的変化が起きる。「**エディプス・コンプレックス**」である。エディプス・コンプレックスは、ギリシア神話のエディプスが父を殺して母親と交わるという近親相姦の物語から取られた名前であるが、フロイトによれば、この時期に男の子は父親に代わり、女の子は母親に代わってそれぞれ異性の親を独占したいという願望を持つ。これが親殺しという願望と罪の意識につながると考えられている。しかし、このような親殺しの願望は受け入れられることではなく、このエディプス願望は、満たされることなく終わる。また、同性の親に対する否定的な感情が、同時に子どもに罪の意識も生じさせ、ここに大きな葛藤が生じる。この同性の親に対する葛藤は矛盾した形で親を愛する気持ちともなり、この葛藤と現実の状況の折り合いをつけるために、親をひとつの理想像としてそれに近づくという同一化が起こってくる。同一化とは、男の子は父親のように、女の子は母親のようになりたいという願望である。このようにして、男らしさ女らしさを獲得すると考えられているが、この中で男女の関係についてのプロトタイプもできてくる。したがって、子どもにとっては両親の夫婦の関係が将来の自分と異性との関係のひとつのモデルともなってくる。

さて、このような内面からの葛藤、すなわち、「自分の中から問題の解決策を考えること」は、乳児期にはなかったものである。乳児期までは、親が駄目と言えば叱られるからやらないということであったが、その後に生じるエディプス・コンプレックスは、内面からの葛藤と親との同一化の中で現実との折り合いをつけるという意味での、心の大きな発達につながる出来事となる。これは、先に図示したフロイトの心のモデル（p.15　図2.3）の中で重要な役割を果たしている「超自我」の形成とも関連している。超自我は、おおまかに言えば快楽原則に対して抑制をかけ、現実との折り合いをつけさせる役割を持っている。このようなプロセスを経るため、形成される超自我には親の価値観も大きな影響を及ぼすことになる。いずれにしても、この時期の発達が十分に行われれば、小学校入学年代になると、内的な抑制が可能になる。このような発達は、実は個人差も大きいので、個人の発達に合わせて子どもを観察することも重要である。

さらに、この時期だけの問題ではないが、たとえば父親が非常に優れたアスリートであり、さらに両親の子どもへの期待が大きい場合などには、同一化のプロセスが十分に進まず、自主性の獲得がなされないこともある。このような例は、アスリートの例に限らず、時に見受けられる。

（3）学童期

小学校に入学すると、さらに子どもたちの交友の範囲は広くなる。幼児期にその原型が作られた超自我を持った子どもたちが、小学校という社会で付き合うようになる。この段階で、同年代の友人が、さまざまな超自我を持っていることに驚くことも多くあると思う。「○○ちゃんの家はこうだって」とか「○○ちゃんはこう言うけど、違うよねえ」など。あるいは「うちのお父さんはそうじゃないって言っていた」などということもある。このようなことは、言い方を変えると多様な価値観とぶつかるわけである。子どもたちはその中で社会を知り、その時代にふさわしい形で自己の価値観（内的には超自我）を形成していく。

こういった時期に、家庭の中での問題や親の不安が非常に強いなどの理由から、親が過剰に子どもをコントロールする状況が生まれると、このプロセスが好ましい形で機能せず、後に精神的な問題を引き起こす場合もある。したがって、親が子どもの成長に対して、適切に関与するということは非常に大切である。このような問題が存在する場合、子どもに対するカウンセリン

グを行うというよりも親に対してのカウンセリングを行うほうがよい場合もある。しかし、親がカウンセリングを受け入れないこともあり、そのような場合は子どもに関わりながら、親へのアプローチを自然な形でしていくのがよい。

小学校の半ば以降は「ギャング・エイジ」とも呼ばれ、仲間を形成するようにもなる。その中で、それまで家庭を主体とする世界から、家庭から離れた仲間の世界ができる。それは、独立した心が形成されている証であり、親に対して秘密を持てることは、独立した自我が形成されつつあるということの証でもある。そういった仲間社会は、同時に集団としての社会の構造をもっており、健全な形で機能すれば、集団の中でのリーダーシップやチームワークなども養われることになる。さらには、役割分担などについても学ぶ場所となる。

スポーツと合わせて考えてみると、この時期にスポーツを経験することは非常に意義深い。個人スポーツでもチームスポーツでも、スポーツをやる仲間がいて、その仲間との役割分担や、時に挫折感なども味わう場が得られる。こういった集団も健全な形で機能すれば、社会の中での自分の位置や、社会の中で機能し心の安定が得られる超自我も形成されていく、良い基盤になるであろう。一方で、この時期に、競技での勝利にこだわり過ぎると、この時期にふさわしい心の発達を健全な形でサポートするというスポーツの役割は損なわれてしまう。この年代のスポーツは「育成」ということが多く言われるが、この「育成」には、「心の育成」も非常に重要な位置を占めていることを、指導者は忘れてはいけない。

（4）思春期

心の発達の区切りを学年を分けるようにはっきりと分けることはできない。ある人は発達による変化が早く到来するし、別の人は遅い。しかし、一般に小学校の高学年から中学生になると、体に大きな変化が起きてくる。第二次性徴期の始まりである。第二次性徴期では、男子は筋肉が発達し、陰毛が生え、精通などもある。女子は、体が丸みをおび、乳房が発育し、陰毛も生え、生理が始まる。近年、女子はもっと早い小学生の中高学年から第二次性徴が始まる傾向が強いので、中学生からを思春期とするのでは遅いかもしれない。いずれにしても中学から高校の年代がその中核となるこの時期は、性的同一性の確立がなされる時期でもある。第二次性徴による男女の身体的

な変化の中で、異性への関心が高まる。高校生になると、男女というものを強く意識するようになり、自分は男性である、女性であると意識する性的同一性が確立する。このような性的同一性の確立は、青年期以降の心の発達の中でも、家庭を持ち子どもを産み育てるという変化の中で重要な役割をもつことになる。

　さらに、この時期には自意識の高まりが生まれる。小学生時代にみられる、「うちのお父さんはそうじゃないって言っていたよ」などという発言は、中学生時代からはあまり見られなくなる。親の考えではなく自分自身の考え方ということが強く意識されるようになるわけである。こういう中で、親の考えに対して反抗する心も生まれてくる。大人への批判が出てくるのもこの時期である。一方で自立して生きていくほど成熟しているわけではなく、経験にも乏しく、考え方も未熟な面が多い。したがって、自意識が高まる一方で、不安が強くなる要素もある。こういった時期の自意識はさらに、後述する青年期の**自己同一性（アイデンティティ）**の確立につながるものであり、重要な心の発達の課題と位置づけられる。この中で、親離れが進み、親の知らない世界が増える。親との信頼関係が十分であれば、親離れが円滑に進んでいくが、親の不安が強く親離れに対して過剰な反応を示す場合には、これが家庭内の親子のトラブルや時に非行の原因となることもある。

（5）**青年期**

　青年期の最も重要な課題は、アイデンティティの確立である。この概念は、エリクソン自身が、自分のアイデンティティの問題を抱えていたということから、このような問題について取り組んだといういきさつもあるようだ。エリクソンは、母親の不倫の相手との子どもであった。母親はユダヤ系のデンマーク人であるが、エリクソン自身は北欧系の風貌で、彼自身はユダヤ系であることから、生活をしたドイツでは偏見を受け、また同時にドイツのユダヤ人社会からは北欧系の風貌であることで、偏見を受けるということがあり、その中で自分自身が何であるのかということに悩んだという。このような不安が、エリクソンのアイデンティティ確立についての研究意欲を駆り立てたのであろうと考えられる。

　自分が自分であるという安定した心の状態の確立という作業は、乳児期以来の心の発達の中で、家族やさまざまなものから影響を受けながら自分自身の中に備わった特徴（あるいは自我機能）を整理し、確立させてゆく作業で

ある。人との関係づくりや信頼、親から受け継いだ価値観、また思春期を通じて友人関係や時代から受け取ったさまざまな考え方を整理し、整合性を見出しながら、それはすべて自分の一部であり、自分はそれをもってこう行動していく、生きていくという自分自身の安定性を身につける。このような作業をアイデンティティの確立と呼んでいる。しかしながら、非常に親の影響を強く受け、あるいは親から半ば強制された方向性や価値観を持っていると、この時期に過剰な親への反抗、対立が起きたり、アイデンティティの確立が非常に遅れたりすることもある。

読者の中にはこの青年期にある人も多くいると思われる。この時期には、心理学やカウンセリングの書物を読んだり、友人とさまざまなことを語り合ったりする。また、時には極端な方向性に走り、自分自身独自のものを確立させようとすることもある。このような状況は、アイデンティティの確立には必要なことであり、一時的な不安定性について、より年長の者は過剰な注意を与えたりせず、これを寛容に見守りながらこの時期にある人たちの成長を促すことが望ましい。

(6) 成人期以降

エリクソンは、成人期以降の発達についても研究を行っている。多くの精神力動的あるいは精神分析研究による発達理論は、成人期以降については詳細に述べていないが、エリクソンのライフサイクル理論は、包括的に人生を鳥瞰しているという点で、優れていると思われる。エリクソンの発達図式（図3.1）では成人前期の発達課題は親密、成人期では世代性（生殖性）、そして老年期では統合である。これらは、人生の流れに関わることであり、多くの場合人は成人期に結婚し、子どもをつくり子どもを育てて老い、死んでいくわけである。その中での心理的課題について述べている。

スポーツカウンセリングに関わる問題は、多くの場合は青年期までの問題であるが、この時期の問題と関連するアスリートの1つの特徴として、引退が非常に人生の早い時期に来ることが挙げられる。マスコミなどで取り上げられる有名選手は、その後指導者や解説者などになり、家庭を作り、さらにはそれまでの人生の経験を統合していくプロセスを経ることができるが、それはアスリート全体から見れば一握りの人たちのことである。

トップレベルのアスリートは、少なからず学童期のころから多くの時間をスポーツのトレーニングに割いている。その中で、自分自身のアイデンティ

ティはスポーツの中で確立されることが多い。したがって、スポーツを20歳代で引退するということになった場合、確立されたアイデンティティの拠り所を失ってしまうこともある。しかし、スポーツにおいて形成されたアイデンティティも、チームワークやリーダーシップなど、スポーツ以外の状況でも確立されたものとして通用する一般性は必ずあり、そういったところを拠り所にすることができる場合が多い。こういったことを、アスリートは気付いていないこともあり、それを指摘することが、アスリートの心理的問題の解決につながる例もある。

C. 発達期にさかのぼってクライエントに話を聞く意味

これまで、簡単に心の発達について述べてきたが、心の発達には両方の親の役割が大きいことがわかるであろう。カウンセリングにおいて、クライエントの問題を明らかにする場合に、このような発達期にさかのぼって話を聞く意味はここにある。後にも述べるが（7.2節）、このような話は必ずしも系統的に聞く必要はないし、また系統的に聞くことも不可能な場合が多い。しかし、自分の前にいるクライエントがどのような環境で成長してきたのかについては、いつも頭に置いておく必要があろう。きちんと自分の前に座っている人にも、さまざまな出来事が過去にあった可能性はある。そういったことを系統立てて考えられ、それをクライエントの問題解決につなげられる力がカウンセラーには求められている。

3.3 パーソナリティの形成に関わる素因と環境因

A. 素因と環境因

身体の発達には、**素因**（遺伝）と**環境因**がある。素因とは、主には遺伝子によって決定されるものである。たとえば、陸上の優秀な選手の両親の間に生まれた子どもは、非常に優秀な遺伝子を持っている可能性が高い。遺伝子は、タンパク質の合成に関与している。詳細については運動生理学の本を見ていただきたいが、筋肉はタンパク質でできており、筋肉の組成（たとえば、遅筋や速筋などと分類される筋線維タイプの割合など）は、遺伝子によって決まる部分も多い。しかし、生後どのように行動するのかは環境因によって決まってくる。たとえば、そのような子どもが戦時下に生まれたとすれ

ば、十分な栄養はなくまたトレーニングする機会にも恵まれない。そういった状況では、優秀な陸上選手にはなりにくいであろう。また、たとえば遺伝的に短距離に向いていない人でも、ダッシュの練習を繰り返せばそれなりに短距離走は速くなる。また、非常にサッカーのさかんな地域で、小さな頃からサッカーばかりやっているような環境で育てば、陸上選手でなくサッカー選手になっているかもしれない。これらは環境因の影響である。

　このように、身体的な側面について素因と環境因という問題は、比較的理解しやすい。一方で、パーソナリティの発達にも、素因と環境因が同じように関与していると考えることができる。遺伝子は、タンパク合成によって脳をつくる。遺伝子が神経系の発生に関与するものが正確に何であるかはまだわかっていない部分も多いが、たとえば神経の伝導速度、神経伝達物質の合成能、などであろう。そういった、神経の特徴は、筋肉の質と同じようなものである。そして、神経もまた発達の過程でさまざまな変化を受ける。たとえば、発達期にストレスを強く受ける、あるいは不適切な養育環境にあると成人してからうつ病になりやすいという研究もある。これは、神経系の発達中の環境因によるものである。また、逆に適切な生活環境や、十分な愛情の中で育てば、成長後の神経ネットワークも異なった特徴を持つ。このように素因と環境因が両方関与しながら、それぞれの人の特徴とも呼ぶべきパーソナリティが形成されてくると考えるのが妥当である。最近の研究では、このようなパーソナリティは遺伝と環境の双方の影響を受けながら青年期後期までに完成し、成人期以降はパーソナリティは大きな変化を示さないともいわれている。

B. 神経系の発達

　心の宿る臓器は脳であると言うと、反論する人もいるであろう。心という概念と脳の働きという概念は、お互いに異なった概念であり、心がどの臓器に宿っているかという問い自体が意味がないという考え方もできる。一方で、多くの精神神経疾患は、脳の機能異常によるものと考えられており、その根拠となるさまざまな事実も見つかっている。本書は、脳科学の解説書でも精神医学の解説書でも、ましてや哲学書でもないので、脳と心の概念にはこれ以上立ち入った議論はしない。しかしながら、心の発達を考える場合、**脳神経の発達**についての基本的な知識は、さまざまな点でカウンセリングの

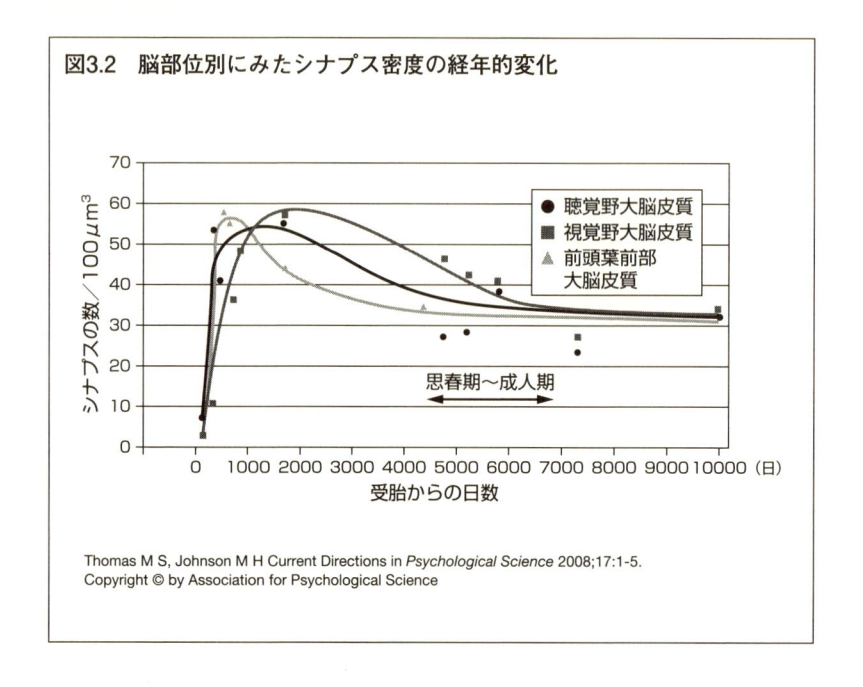

図3.2 脳部位別にみたシナプス密度の経年的変化

Thomas M S, Johnson M H Current Directions in *Psychological Science* 2008;17:1-5.
Copyright © by Association for Psychological Science

助けになる。ここでは、ごく基本的な神経系の発達について学ぼう。

（1）乳児期の脳の発達

　ヒトの脳は、生まれた時には完成していないと考えられている。新生児は、最近の研究で視覚機能はあると考えるようになったが、十分には見えていない。新生児の脳は、出生後もシナプス（神経のネットワークをつくる神経と神経のつなぎ目）の数は増加し、脳の部位によって異なるが、1～6歳くらいを頂点としてその後再び減少していき、15歳くらい以降で次第に落ちついてくる。(図3.2)。このような変化がある理由はよくわかってはいないが、いったんたくさんのネットワークを作り、周りの環境の様子に合わせて適応させていく過程でシナプスを減らしていくのではないかと考える研究者もいる。このような変化は、小児期は脳がまだ完成していない時期であることを示し、すなわち、脳の発達という視点からも成人するまでの間は、脳活動の表現である心は常に成長という変化をしている存在であることをしっかりと認識する必要があろう。

　また研究者によっては、思春期に統合失調症などの精神疾患が好発である理由として、このようなシナプスを減らしていくプロセスに問題が生じたた

図3.3 スキャモンの発達曲線

(縦軸：誕生から成熟期までの発育量を100%とした割合(%)、横軸：年齢(歳))

リンパ型／神経型／一般型／生殖型

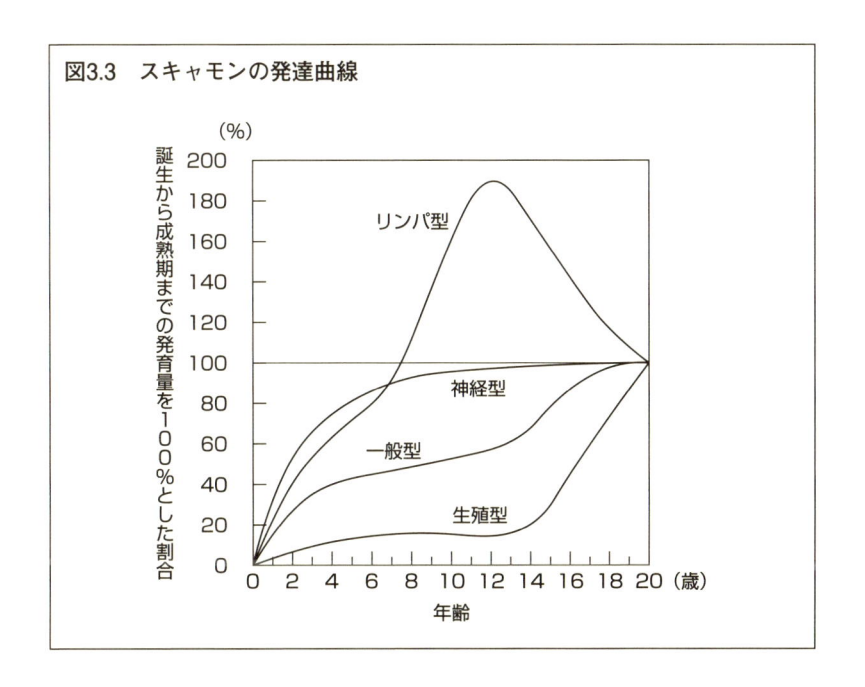

めではないかと考える人もいる。実際に、思春期には多くの問題が起きるが、これが年齢を経る中で次第に落ちついてくるということは、その間の治療や経験だけでなく、このような生物学的な変化も関与している可能性もある。

（2）スキャモンの発達曲線

スキャモンは図3.3に示したように、体のさまざまな臓器が誕生から成熟期までの間にさまざまな発達の過程をとることを報告した。発達のプロセスは、4つのタイプ（リンパ型、神経型、生殖型、一般型）に分けてある。これを**スキャモンの発達曲線**（1928年）と呼んでいる。この発達曲線は、各臓器の重量の変化である点が見逃されがちなのであるが、これは必ずしも機能を反映しているとは限らないということを意味する。それぞれの機能の変化はより詳細にその後の研究がなされており、各臓器の機能的な変化について詳細に知る目的では、その後に行われた研究を参照したほうがよい。スキャモンの発達曲線の重要な点は、発達期では、各機能が均等に発達するわけではないことを明確に示した点である。「子どもは、小さな大人ではない」ということを、スキャモンが生物学的な観点からも示した意義は大きい。

さらに、一般的に発育発達という視点からは、各年代でできることを標準的に示した「遠城寺式・乳幼児分析的発達検査表」がある（表3.1）。詳細については原典を参照してほしいが、この検査表は、標準的な発達過程で子どもたちができることを運動、社会性、言語に分けて示している。このような知識は、カウンセリングの場面で常に必要ではないが、クライエントの家族などに、幼少時の様子を聞く機会があった時には知っていたほうがよい知識である。

表3.1 遠城寺式・乳幼児分析的発達検査表(九大小児科改訂新装版、一部抜粋)

Ⓒ 遠城寺 宗徳　発売元 慶應義塾大学出版会

年:月	移動運動	手の運動	基本的習慣	対人関係	発語	言語理解
4:8	スキップができる	紙飛行機を自分で折る	ひとりで着衣ができる	砂場で二人以上で協力して一つの山を作る	文章の復唱(2/3)(子供が二人ブランコに乗っています。山の上に大きな荷物が出ました。きのうお酒屋さんと貝物に行きました。)	左右がわかる
4:4	ブランコに立ちのりでこぐ	はずむボールをつかむ	信号を見て正しく道路をわたる	ジャンケンで勝負をきめる	四数詞の復唱(2/3)　5-2-4-9　6-8-3-5　7-3-2-8	数の概念がわかる(5まで)
4:0	片足で数歩とぶ	紙を直線にそって切る	入浴時、ある程度自分で体を洗う	母親にことわって友達の家に遊びに行く		用途による物の指示(5/5)(本、鉛筆、時計、いす、電燈)
3:8	幅とび(両足をそろえて前にとぶ)	十字をかく	鼻をかむ	友達と順番にものを使う(ブランコなど)	文章の復唱(2/3)(きれいなお花が咲いています。飛行機が空を飛びます。じょうずに絵がかきたいな。)	数の概念がわかる(3まで)
3:4					会話が	
〜 〜 〜 〜 〜 〜 〜 〜
0:7	腹ばいで体をまわす	おもちゃを一方の手から他方に持ちかえる	コップから飲む	親しみと怒った顔がわかる	おもちゃなどに向って声を出す	親の話し方で感情をきわける(禁止など)
0:6	寝がえりをする	手を出しておもちゃをつかむ	ビスケットなどを自分で食べる	鏡に映った自分に反応する	人に向って声を出す	
0:5	横向きに寝かせると寝がえりをする	ガラガラを振る	おもちゃを見ると動きが活発になる	人を見ると笑いかける	キャーキャーいう	母の声と他の人の声をきわける
0:4	首がすわる	おもちゃをつかんでいる	さじに布をかけてとる	あやされると声を出して笑う	声を出して笑う	
0:3	あおむけにしたとき頭を左右に動かす	頬にふれたものを取ろうとして手を動かす	顔に布をかけられて不快を示す	人の声がする方に向く	泣かずに声を出す(アー、ウー、など)	人の声でしずまる
0:2	腹ばいで頭をちょっとあげる	手を口に持っていってしゃぶる	満腹になると乳首を舌でおし出したり顔をそむけたりする	人の顔をじいっと見る	いろいろな泣き声を出す	
0:1	あおむけでときどき左右に首の向きをかえる	手にふれたものをつかむ		空腹時に抱くと顔をのばして泣く	元気な声で泣く	大きな音に反応する
0:0						

3.3 パーソナリティの形成に関わる素因と環境因

第4章 カウンセリングに必要な、精神医学の知識

> **Key word**
> 精神障害の診断と統計の手引き（DSM）　国際疾患分類（ICD-10）
> 女性アスリートの三徴候（Female Athlete Triad）

4.1 カウンセリングと精神医学

　カウンセリングに訪れるクライエントは、何らかの心の悩みをもっている。そのような心の悩みの中には、精神医学において診断がなされ、医学的治療の対象となるものも少なくない。医学的な診断治療は、医師によってなされるものであるが、こういったケースについて、医学的治療と並行してカウンセリングを行うことも可能である。また、カウンセラーが正しい医学的知識を持つことによって、並行してカウンセリングを持つことの目的や意義について、医師と役割分担の話し合いを有効に行うことができる。また、スポーツに関連したカウンセリングの知識などをもって医師と情報交換をすることによって、アスリートであるクライエントにとって最も有益となる治療方法について担当医師と有効な相談ができるようにもなる。このような点で精神医学的な知識を持つことは、カウンセリングをある程度専門的に行う人には必要なことである。

　また、さらに拡大してトレーナーや監督、コーチ、学校での体育指導者などにとっても、問題に遭遇した時に適切な判断をするという点で、このような知識は役に立つ。本書はカウンセリングの入門書であるので詳細な精神医学の体系については他書に譲るが、カウンセリングを行ううえで必要と考え

られる、ごく基本的な精神医学の知識について解説する。

4.2 精神医学における診断

　精神科の疾患は、身体疾患と違って多くの場合、障害の状態や部位を客観的に観察したり測定することができない。たとえば、骨折であればレントゲン写真で骨折部位がわかるし、発熱であれば体温計で体温が何度かがわかる。しかし、精神科の疾患の場合は、患者の行動や表情、発言、あるいは診察時の会話の中から診断に慣れた専門家が症状を抽出し、その症状を総合的に評価して診断をする。したがって、他の医学分野の診断よりも客観性に欠ける面がある。

　しかしながら、実際に精神科を訪れる人たちに対して経験ある医師が問診をすると、ほとんどの場合、症状から体系化された診断を導くことができる。つまり、それぞれの人の人生や考え方は十人十色であっても、病気の診断となると通常は限られた数の診断名にあてはめられる、ということである。このような診断分類は非常に長い精神医学の歴史の中で構築されてきたものである。さらに最近では国際的にも共通の診断分類を用いるようになり、現在では以下に示す2つの診断分類が主に用いられている。

A. 精神障害の診断と統計の手引き（DSM）

　「精神障害の診断と統計の手引き（DSM）」は、アメリカ精神医学会によって作成された診断の手引きで、診断分類とそれぞれの診断に対する診断基準（表4.1）が示されている。現在は第4版を改訂したものが最新版として用いられている（DSM-IV-TR）。

　DSMの特徴の1つとして、多軸診断というものがある。これは、疾患を診断する（第1軸）だけでなく、その背景にあるパーソナリティなど（第2軸）や、身体疾患の存在（第3軸）、心理社会的な環境（第4軸）、そして全体的に社会の中でどのくらい機能できているか（全体的機能評定）（第5軸）をそれぞれ独立して評価する点にある。特に第1軸と第2軸については、疾患とその背景にあるパーソナリティを独立して評価するという点で特徴がある。また、DSMに示されているパーソナリティの類型は、クライエントのパーソナリティを評価するうえでも参考になる。

表 4.1　DSM-IV-TR の分類

通常、幼児期、小児期、または青年期に初めて診断される障害	いわゆる自閉症など
せん妄、認知症、健忘性障害、および他の認知障害	認知症など
他のどこにも分類されない一般身体疾患による精神疾患	2に含まれないもの（どうしても診断できないときのカテゴリー）
物質関連障害	麻薬中毒など
統合失調症および他の精神病性障害	統合失調症など
気分障害	うつ病など
不安障害	パニック障害など
身体表現性障害	いわゆる神経症
虚偽性障害	詐病のより病的なもの
解離性障害	いわゆるヒステリーなど
性障害および性同一性障害	性同一性障害など
摂食障害	摂食障害など
睡眠障害	睡眠障害など
他のどこにも分類されない衝動制御の障害	衝動性だけが問題になるような状態
適応障害	3カ月以内にストレス要因があり、それへの適応が問題となって不安や抑うつが出てくるもの
パーソナリティ障害	パーソナリティの障害
臨床的関与の対象となることになる他の状態	上記にあてはまらないときのカテゴリー

B. WHOによる国際疾患分類（ICD-10）

　世界保健機構（WHO）は精神疾患に限らず、すべての疾患の分類を行い、国際的な疾患の統計を行うことのできる疾患分類を定期的に改訂して発行している。現在の最新版は第10版でICD-10と呼ばれる。この中で、第5章が精神および行動の障害とされており（表4.2）、F00〜F99のコードが付けられている。

　DSM-IV-TRとICD-10には、分類の仕方に若干の違いはあるが、精神科の疾患概念についての大きな差はない。したがって、ある状態の人を診断し

表 4.2 ICD-10 による精神および行動の障害

症状性を含む器質性精神障害	認知症やアルコール性精神障害など
精神作用物質使用による精神および行動の障害	麻薬中毒など
統合失調症、統合失調型障害および妄想性障害	統合失調症など
気分（感情）障害	うつ病など
神経症性障害、ストレス関連障害および身体表現性障害	いわゆる神経症
生理的障害および身体的要因に関連した行動症候群	摂食障害など
成人のパーソナリティおよび行動の障害	パーソナリティ障害や性同一性障害など
精神遅滞	知的障害
心理的発達の障害	いわゆる自閉症など
小児（児童）期および青年期に通常発症する行動および情緒の障害	小児思春期にみられる問題

た場合に2つの疾患分類で、まったく異なった診断になるということはない。

4.3 不安障害

　不安障害と以下の節で述べる身体表現性障害（4.4 節）や解離性障害（4.5 節）は、DSM などの新しい診断分類が発表される以前の古典的な診断では「神経症（ノイローゼ）」といわれてきたもので、精神力動的な考え方に基づく概念である。したがって、このような診断がなされる人たちは、カウンセリングの対象になる可能性が高い。不安障害に含まれる状態には表 4.3 に示すようなものがあるが、この中でスポーツカウンセリングに比較的関連があると考えられるものとして、パニック障害がある。

A. パニック障害

　パニック障害の症状は、突然起こる「パニック発作」である。パニック発作は、動悸、心悸亢進、発汗、身震い、息苦しさ、窒息感、胸痛、吐き気、

表 4.3　不安障害（DSM-IV-TR）

- 全般性不安障害　Generalized anxiety disorder（GAD）
- パニック障害　Panic disorder
    広場恐怖を伴うもの
    広場恐怖を伴わないもの
- パニック障害の既往歴のない広場恐怖　Agoraphobia without history of panic disorder
- 特定の恐怖症　Specific phobia
- 社会恐怖　Social phobia
- 強迫性障害　Obsessive-compulsive disorder
- 心的外傷後ストレス障害　Posttraumatic stress disorder（PTSD）
- 急性ストレス障害　Acute stress disorder
- 不安障害　Anxiety disorder
    一般身体疾患による不安障害
    特定不能の不安障害

腹部痛、めまい、離人感、気が狂ってしまいそうな感じ、死ぬことへの恐怖、異常感覚、冷感、熱感などである。これらは、すべて一度に現れるものではなく、人によってさまざまな特徴がある。多くの場合は、「突然強い不安感に襲われ、動悸がして、息苦しく、発汗し倒れこんでしまう。このまま死んでしまうのではないかという恐怖感に襲われる」などの症状を呈する。

　これと類似した症状として、過換気症候群がある。過換気症候群は、急に息苦しさを感じて過換気（深い呼吸を過剰にしてしまう）になり、それによって血中の二酸化炭素濃度が低下し酸素濃度が上昇するという状態が起こり、手足の冷感やしびれ、意識がもうろうとするなど、さまざまな症状が出現する。過換気症候群は、パニック障害の1症状ととらえられる場合もあるが、スポーツなどで呼吸が速くなった場合に誘発されて出現することも多く、それだけではパニック障害であるとは診断できない。

　パニック障害の発作は、非常につらいものなので、そのような発作が起こったあとに、どこかに逃げこむことができないような場所に出かけることをだんだん避けるようになる。このような症状を、広場を避けるようになるという意味で「広場恐怖」と呼んでいる。

　パニック症状の原因については、十分明らかになってはいないが、1つには心理的要因として根底にある不安感やストレスが発作の発現に関連がある

と考えられる。たとえば、重要な試合が近づく、トレーニングの場面での精神的なプレッシャーが強いなどである。そのような状況で、頻繁にパニック発作が出現する場合でも、オフシーズンや引退したあとでパニック発作がほとんど消失してしまうケースもある。さらに、遺伝的あるいは身体的な要因もあると考えられている。パニック障害に特有の脳の特徴や、パニック発作を誘発する物質（二酸化炭素、乳酸ナトリウムなど）も同定されており、身体的な要因も関連があるとされている。

　パニック障害の治療には、認知行動療法が有効である。パニック障害は、決して命にかかわる疾患でないことや、発作の症状は時間が経てば軽快消失することなどについての知識を十分に与える。あるいは、リラクセーションや呼吸法の訓練なども良いと考えられている。一方で、薬物療法も効果を奏する。さまざまな薬物が用いられるが、薬物療法と認知行動療法を併用するのが良いと考えられる。カウンセリングとしては、認知行動療法的なアプローチやメンタルトレーニングを組み合わせると良い効果をもたらす可能性がある。

4.4 身体表現性障害

　身体表現性障害には、さらに下位分類として表4.4に示したようなものがある。この中で、比較的スポーツカウンセリングの場面に関連があると思われる転換性障害、疼痛性障害について述べる。

A. 転換性障害

　転換性の転換とは、精神的な葛藤やストレスが身体症状に「転換」されたという意味である。古典的にはヒステリーの1類型と考えられる。古典的にヒステリーと呼ばれている病態は、この転換性障害と解離性障害を示している。転換される身体症状としては、体の部分が動かないなどの麻痺、体の一部の感覚が障害されるなどがある。感覚の障害は、たとえばある部分に触っても触覚を感じないなどというものから、目が見えない、耳が聞こえないなどの症状が認められる。また、このような症状は多くの場合、何らかの心理的葛藤やストレスに関連している。（しかし、このような葛藤やストレスは必ずしも容易に明らかにならない）。診断には、このような症状を裏付ける

表 4.4　身体表現性障害（DSM-IV-TR）

- 身体化障害　Somatization disorder
- 鑑別不能型身体表現性障害　Undifferentiated somatoform disorder
- 転換性障害　Conversion disorder
- 疼痛性障害　Pain disorder
    - 心因性と一般身体疾患両方による疼痛性障害
    - 心因性疼痛性障害
- 心気症　Hypochondriasis
- 身体醜形障害　Body dysmorphic disorder
- 特定不能の身体表現性障害　Somatoform disorder NOS

ような身体的な障害がない（たとえば、神経学的に説明できる麻痺の病変などがない）ことが前提である。したがって、このような症状を疑う場合にも、必ず神経学的な検査を行わなくてはならない。時には、何らかの神経学的な障害が隠れている場合もあるからである。

　原因は先に示したように、心理的な葛藤やストレスであるが、このような問題に対して直面できない時に、これらの葛藤やストレスが身体症状に転換されると考えられる。このような症状を呈することで、問題が回避できるという心理的メカニズムである。これを、一次疾病利得と呼ぶ。また、それによって身体化された症状に周りの関心が向くことで、さまざまな援助や同情を得ることができる。これを二次疾病利得と呼ぶ。したがって、このような症状は本人にとって「困ったこと」ではなく、症状があるにもかかわらず、症状に対して無関心であるように見えることもある。

　このような状態は、カウンセリングの対象になるが、十分な経験のあるカウンセラーでないと治療的に扱うのが難しい症例が多い。薬物療法も行われる。

B. 疼痛性障害

　疼痛性障害は、「痛み」を主な症状としているが、その痛みに相当する身体的な病変が見当たらない状態を示している。痛みによって、転換性障害で示した疾病利得を得るという点で、転換性障害に近い心理的メカニズムがあると考えられるが、痛みを主訴とするのが特徴である。

　アスリートでもこのようなケースが多く認められることは、整形外科など

のスポーツドクターは経験的に感じているところである。このような疼痛は、うつ病の症状としても比較的よく認められるので、痛みを主訴とするアスリートで、身体的な変化がはっきりしない場合は、背景にそのような疾患が隠れていないかを考えてみるとよい。

4.5 解離性障害

　解離性障害も転換性障害と同様に、古典的にはヒステリーと呼ばれていたものである。解離性障害の下位分類を表4.5に示した。解離とは、本来統一的に感じられる自己の意識が、ばらばらになり統一性を失ってしまうという意味である。解離性障害も転換性障害と同様に、統一性を失う、すなわち自分の感覚や感情を切り離すということにより、葛藤やストレスに直面せずに済むという利得を得ることができる。この説明ではわかりにくいかもしれないので、具体的に下位分類それぞれについて説明する。

　離人症性障害では、自分が自分でないような感覚に陥る。自分が自分でないような感じがあると訴える。解離性健忘では、特定の記憶を失ってしまう。解離性遁走では、どこかにいなくなってしまい、自分が誰であるかわからなくなってしまうという状態になる。また解離性同一性障害は多重人格と同義で、他の人格に変わってしまう。これらの変化によって、いずれの場合も葛藤やストレスに直面せずに済むという利得を得ることができる。

　解離性障害は、スポーツカウンセリングの場面で頻繁に遭遇するものではないかもしれない。しかしながら、「競技の継続が難しいが、他に選択肢がない」というような状況に陥ったアスリートが、時にこのような症状を呈することもある。このような状態も、転換性障害と同様にカウンセリングの対象になるが、十分な経験のあるカウンセラーでないと、治療的に扱うのが難しい症例が多い。薬物療法も行われる。

表4.5　解離性障害（DSM-IV-TR）

- 離人症性障害　　Depersonalization disorder
- 解離性健忘　　Dissociative amnesia
- 解離性遁走　　Dissociative fugue
- 解離性同一性障害　　Dissociative identity disorder
- 特定不能の解離性障害　　Dissociative disorder NOS

4.6 摂食障害

　女性アスリートには比較的多く摂食障害が認められる。精神医学的には、摂食障害は、神経性無食欲症と神経性大食症に分けられる。思春期、青年期の女性が主体の疾患である。

A. 神経性無食欲症

　神経性無食欲症は、食事をとらず痩せるための極度な努力をする。少なからぬ症例において、無茶食いの後、自己誘発嘔吐、下剤や利尿剤の使用などにより、摂取したものを無理に排出するなどが見られる。無茶食いはほとんどの場合、その後強い抑うつ感を伴う。タイプとして、無理な排出のないものを「制限型」、このような行為のあるものを「無茶食い／排出（浄化）型」と呼ぶこともある。神経性無食欲症では、体重減少のために時に死に至ることもある。

　神経性無食欲症では、ボディイメージの障害が認められ、自分が痩せていても、痩せていないと言うことが多い。また、思春期の自立や、性的な役割などへの拒否的な反応として現れるとも考えられている。また、家庭的には母親に厳しくしつけられる場合があり、母親からの自立が十分になされておらず、母親依存とも言えるケースが多く見受けられる。こういったケースは、非常に真面目で言われたことをよく守るという側面がある。拒食という行為がそういった自分自身の問題への拒否ととらえられる場合もある。

　治療は、非常に時間のかかる困難なものであるが、精神療法、行動療法、薬物療法などが行われる。家族面接などによって、家族関係の問題を解決することも意味があるケースも多くある。

B. 神経性大食症

　神経性大食症は、神経性無食欲症より多くみられる。名前のとおり、無茶食いが主たる症状である。神経性大食症には、前述の無理な排出行為（自己誘発嘔吐、下剤や利尿剤の使用）などが伴うもの（排出型）と伴わないもの（非排出型）がある。神経性無食欲症は、極度の痩せ（るい痩）が認められるが、神経性大食症では、体重は正常範囲内にとどまるケースも多い。非排

出型では、無茶食いによる体重増加を、極端な絶食や運動などによって防ごうという必死の努力がみられる。

神経性大食症の患者では、神経性無食欲症と同様に、周りからの要求に応える高い目標を持っている真面目な側面がみられることが多い。また、母親への依存も神経性無食欲症と同様に認められる。しかし、一方で自分自身の欲求に押さえの効かない傾向もあり、性的逸脱や反社会的な行動が時にみられたりもする。

治療的な予後あるいは経過は、神経性無食欲症よりも比較的良いと考えられるが、治療が困難なケースもある。精神療法、行動療法、薬物療法などが行われる。

C. アスリートにみられる摂食障害

自己誘発嘔吐のような行動は、通常異常行動と考えられるが、競技によっては減量の一部としてなかば公然と行われていることもある。そして、オフシーズンなどを含めて、自己制御可能な範囲であれば、健全とは言えないが治療に乗らないことも多くある。一方で、自己制御が不可能な状態になってしまっているケースもみられる。そのような場合には、カウンセリングが必要となる。

アスリートの摂食障害は、体重が関連する持久性種目、体型が関連する種目、体重による階級制種目などに多いとされているが、正確な統計はない。筆者の経験では、必ずしもそのような種目だけにみられるわけではないようにも思われる。一方で、優れたアスリートには、指導者の言うことを非常によく守る、悪い面のある自分が認められないなど、一般の摂食障害と共通する特徴もある。そういった症例では、自分自身の症状を許すことができず、長期にわたってひとりで悩む場合もある。

摂食障害と無月経、骨粗しょう症をあわせて、女性アスリートの三徴候（Female Athlete Triad）と呼ぶことがある。摂食障害により体脂肪率が低下し、さらに高強度トレーニングによる運動ストレスも加わって無月経が起き、エストロゲンの低下や低栄養から骨粗しょう症を併発するという病態である。このような病態にあるアスリートでも時にひたすら、疲労骨折をしながら走る様子が見受けられるが、非常に危険な状態であり、すぐに治療的なアプローチをする必要がある。

治療に関しては、競技との関連を考えながら、カウンセリングを行っていく。ケースバイケースであるが、アスリートのケースでも一般のケースと同様に、家族との関連については注意を払ったほうが良い。このようにアスリートの摂食障害についても、競技との関連だけでなく、幅広い視野をもって慎重に治療していく必要がある。一方、筆者の経験では精神科外来で治療するアスリートでない一般の摂食障害に比べて、アスリートでは体重と競技成績という直接的関連や、このような直接的関連でなくとも競技成績や競技上での葛藤などと関連ある場合が多く、いったん競技を離れると比較的速やかに症状が軽快するケースがあるように感じられる。この点については、今後症例を重ねて明らかにする必要がある。

4.7 性同一性障害

　性同一性障害は、生物学的な性別、つまり身体の構造としての性別と、自分自身が感じる性別の間に、違いがあり、これに本人が問題を感じている状態をいう。自分は生まれながらにして女性の身体をしているにもかかわらず、自分が女性であることに非常に違和感を持ち、男として生きていくほうが自然であると感じ、これにより社会生活を含めさまざまな問題が生じているような状態である。この逆に、男性の身体をしているにもかかわらず、女性として生きていくほうが自然だと思うこともある。つまり、身体の性別と自分自身の意識の性別がくいちがっているというのが、性同一性障害である。

　性同一性障害の原因については、明らかではない。以前は、幼少時の心理的な外傷が、自分自身の性で生きていくことを拒む原因となったという考え方もあったが、現在はこのような考え方はほぼ否定されている。むしろ、現在では生得的に意識としての性別が身体の性別と異なっている状態と考えられている。

　性同一性障害を持った人たちに対して、身体的な性別で生きていけるように、自分の性に対する意識を変えさせるカウンセリングをすることは、ほとんどの場合、無効である。むしろ、そのようなカウンセリングは本人を傷つける結果となる。こういった人たちに対しては、現在自分の考える性別と身体の性別が異なっていることから起こるさまざまな問題に対して、共感し支

持的に接することが重要である。また、このようなことは自分以外の人にもみられ、こういった障害を持った人たちをサポートする体制があることなどの情報を提供することによって、ある程度の安心感を与えることができる。性同一性障害のより専門的な診断治療については、日本精神神経学会による「性同一性障害に関する診断と治療のガイドライン-第3版」を参照されたい。

性同一性障害について、アスリートに関わる詳細なデータは現在のところない。しかしながら、筆者の経験的には、身体的には女性であるが自分の望む性は男性であり、男性として生きていきたいというケース［FTM（female to male）という。これの逆をMTF（male to female）という］が多いように感じられる。第8章のケース7の解説でも述べたが、現在では、自分の望む性別での競技参加への道が開かれつつあることも、スポーツカウンセリングに関わるものとしては知っておく必要があろう。

4.8 パーソナリティ障害

パーソナリティ障害の診断は、パーソナリティ（人格）に偏りがあり、本人の社会生活、あるいは本人の周りの社会生活にさまざまな問題が起きるという状態を持った人の診断に適用される。従来は、精神病質という言葉を使っていたが、最近ではパーソナリティの障害として取り扱っている。DSM-IV-TRでは、パーソナリティ障害を3つのクラスターに分けて、全部で10種類のパーソナリティ障害（表4.6）を挙げている。

アスリートもどのようなパーソナリティ障害をも持ち得るが、明らかなパーソナリティ障害がある場合には、一般生活上の問題となり、競技生活を続けることが困難になることもある。一方で、それぞれのパーソナリティの傾向は誰にもある。したがって、このような診断が下るためには、そのパーソナリティによって、社会生活上で大きな問題をきたしている必要がある。社会生活上の問題があってもその程度が大きなものでなければ、パーソナリティ傾向と表現している。

パーソナリティ障害は、いわば性格の著しい偏りであり、疾患とは言えないので疾患の治療の対象ではないが、辛抱強いカウンセリングなどにより、社会的適応がある程度よくなることもある。また、あまりに問題が頻繁に発

表 4.6　パーソナリティ障害（第 2 軸）（DSM-IV-TR）

●**クラスターA：奇異で変人**
妄想性パーソナリティ障害　　Paranoid personality disorder
統合失調質パーソナリティ障害　　Schizoid personality disorder
統合失調型パーソナリティ障害　　Schizotypal personality disorder
●**クラスターB：演技的、情緒的、風変わり**
反社会性パーソナリティ障害　　Antisocial personality disorder
境界性パーソナリティ障害　　Borderline personality disorder
演技性パーソナリティ障害　　Histrionic personality disorder
自己愛性パーソナリティ障害　　Narcissistic personality disorder
●**クラスターC：不安や恐怖が強い**
回避性パーソナリティ障害　　Avoidant personality disorder
依存性パーソナリティ障害　　Dependent personality disorder
強迫性パーソナリティ障害　　Obsessive-compulsive personality disorder NOS

生し、本人も困る場合には薬物療法の対象となることもある。

　このようなパーソナリティ障害のうち、スポーツカウンセリングの場面で経験する可能性のある 3 つについて以下に解説する。しかしながら、アスリートのパーソナリティ障害の詳細な研究もないので、取り上げたパーソナリティ障害がアスリートに多いという意味ではない。

A. 反社会性パーソナリティ障害

　反社会性パーソナリティ障害は、法律に反するような行為や、衝動的な暴力行為、他人や自分の安全を考えない向こう見ずな行動に特徴付けられる。私生活では、ドメスティックバイオレンス（配偶者、恋人への暴力）や、児童小児虐待もみられ、時にアルコールや麻薬などの薬物の問題を起こすこともある。

B. 自己愛性パーソナリティ障害

　自己愛性パーソナリティ障害は、周りから賞賛されたいという欲求が非常に強い。また、批判に対しては非常に自尊心が傷つき、すべてを否定されたような感覚に容易に陥り、抑うつ的になったり、時に相手を強く攻撃したりする。このようなパーソナリティを持った人に対して、何かを教えるということは時に非常に困難である場合が多い。したがって、ある問題を修正しよ

うと、好意的かつ教育的にアプローチしても、自分自身を強く否定された感覚を持ち、アドバイスを聞き入れないこともしばしばである。また、周囲と安定した人間関係を保つことが時に難しいこともある。

C. 強迫性パーソナリティ障害

強迫性パーソナリティ障害は、極端な完璧さ、規則の順守などの特徴を持つ。また、これらの特徴は、自分だけでなく他人に対しても求めることがある。また、物事に対する柔軟さに欠け、多様性を受け入れることができないという特徴もある。また、硬く、頑固である。アスリートでは、このような性格が時には競技の中で生かされることもある。非常に競技能力が高い場合には、このようなパーソナリティ障害や、それよりも軽いパーソナリティ傾向があっても、うまく適応できる場合もあるが、競技以外の場面や、競技引退後などに問題がより顕在化することもある。

4.9　気分障害（うつ病と躁うつ病）

気分障害と以下に示した統合失調症（4.10節）は、従来、内因性精神病と呼ばれていたものであり、必ず医療の対象とされるべき状態である。薬物療法は必須であり、必ず病院へ紹介すべきと考えてほしい（7.4節参照）。

気分障害は、DSM-IV-TRにおいては、表4.7に示したように、大きく双極性障害と大うつ病性障害に分けられている。双極性とは2つの極、すなわち「躁」と「うつ」の極をもつ、いわゆる躁うつ病を示している。気分が高揚する躁状態を呈しないうつ病を、時に単極性障害ということがあるが、躁状態だけを呈する躁病はほとんどない。大うつ病性障害（表4.8）は、Major Depressive Disorder の訳語であるが、Major を「大」と訳したのは必ずしも正しくない。むしろ、この場合の Major は「主要な」という意味である。以下では、必ずしも大うつ病という言葉ではなく、うつ病と記載している。

双極性障害とうつ病性障害は、最近ではまったく異なった疾患であると考えられている。双極性障害は、文化的背景や時代的背景によらず罹患率は約1％程度で、これは後述の統合失調症と同程度である。一方、うつ病（大うつ病）は統計によってもさまざまであるが、生涯有病率（一生の中で罹患す

表 4.7　気分障害（DSM-IV-TR）

```
双極性障害（Bipolar Disorder）
        Ⅰ型双極性障害…躁病とうつ病
        Ⅱ型双極性障害…軽い躁症状とうつ症状
        気分循環性障害…軽い躁症状と軽いうつ症状
        特定不能の双極性障害

大うつ病性障害（Major Depressive Disorder）
        大うつ病性障害…いわゆるうつ病。軽度、中等度、重度に分けられる
        気分変調性障害…軽いうつ症状が2年以上続く（抑うつ神経症）
        抑うつ関連症候群
```

る割合）は、15％程度であると言われ、非常に多い疾患である。また、女性ではうつ病の生涯有病率が、25％に達するという記載もあり、これは4人に1人が一生のうちで1度はうつ病になるということを示している。一般的に、男性に比べ女性の罹患率が高いということは、多くの統計により示されている。以下には主としてうつ病について説明する。

A. うつ病

　うつ病の原因も不明であるが、うつ病の発症にはストレス要因が関わっていると考えるのが一般的である。典型的には、長期にわたってストレス状態が続いた末に、うつ状態を発症するケースが多く認められる。一方で、必ずしもストレス要因が明らかでないケースもある。また、再発に関連してはストレス要因が必ずしも明らかでない場合が多い。したがって、最初の症状発現には何らかのストレス要因が関連している可能性があるが、いったん寛解した後では、強いストレス要因とは関係なく再発することもあると考えるとよい。

　うつ病の診断に重要なのは、症状の持続期間である。時に非常にストレスの強い出来事に遭遇した際に、一過性に抑うつ的になることはありうる。しかし、多くの場合は2週間以内には、完全とは言えないまでも自分なりに立ち直り、方向性を見出す。うつ病の場合は、ストレスとは不相応に落ち込みが続くということがある。この目安として、診断基準では2週間以上続くとしているが、この2週間は経験的にも妥当な期間である。

表4.8 大うつ病エピソード（DSM-IV-TR）

A. 以下の症状のうち５つ（またはそれ以上）が同じ２週間の間に存在し、病前の機能からの変化をおこしている。
これらの症状のうち少なくとも１つは、(1) 抑うつ気分または (2) 興味または喜びの喪失である。（明らかに、一般身体疾患または気分に一致しない妄想または幻覚による症状は含まない。）

1. 患者自身の言明（例えば悲しみまたは、空虚感を感じる）か、他者の観察（例えば涙を流しているように見える）によって示される、ほとんど１日中、ほとんど毎日の抑うつ気分。（小児や青年ではいらいらした気分もありうる）
2. ほとんど１日中、ほとんど毎日の、すべて、またはほとんどすべての活動における興味、喜びの著しい減退（患者の言明または他者の観察によって示される）。
3. 食事療法をしていないのに、著しい体重の減少、あるいは体重増加（例えば１ヵ月で体重の５％以上の変化）、またはほとんど毎日の食欲の減退または増加。（小児の場合、期待される体重増加がみられないことも考慮）
4. ほとんど毎日の不眠または睡眠過多。
5. ほとんど毎日の精神運動性の焦燥または制止（他者によって観察可能で、ただ単に落ち着きがないとか、のろくなったという主的感覚でないもの）。
6. ほとんど毎日の易疲労性、または気力の減退。
7. ほとんど毎日の無価値観、または過剰であるか不適切な罪責感（妄想的であることもある）。（単に自分をとがめたり、病気になったことに対する罪の意識ではない）
8. 思考力や集中力の減退、または決断困難がほとんど毎日認められる（患者自身の言明による、または他者によって観察される）。
9. 死についての反復思考（死の恐怖だけではない）、特別な計画はないが、反復的な自殺念慮、自殺企図、または自殺するためのはっきりした計画。

B. 症状は混合性エピソードの基準を満たさない。
C. 症状には著しい苦痛または社会的、職業的または他の重要な領域における機能の障害を引き起こしている。
D. 症状は物質（例：乱用薬物、投薬）の直接的な生理学的作用または一般身体疾患（例：甲状腺機能低下症）によるものではない。
E. 症状は死別反応ではうまく説明されない。すなわち愛する者を失った後、症状が２ヵ月をこえて続くか、または著明な機能不全、無価値観への病的なとらわれ、自殺念慮、精神病性の症状、精神運動制止があることで特徴づけられる。

　うつ病の治療には、薬物療法が必須である。現在では、副作用の少ない薬物が開発されており、効果もある。カウンセリングという意味では支持的に接することが大切である。よく「うつ病の人を励ましてはいけない」とも言われるが、うつ病患者は出口の見えない、非常に気持の重い状態の中にお

り、「頑張れ」と言われても頑張ることができないので、つらいわけである。したがって、「必ず良い状態に戻る」などと、回復を保証するような意味での励ましは、ある程度の安心感を与えることにもなり、むしろこういった病態を理解して接することがカウンセラーには要求される。

　アスリートにもうつ病は認められる。頻度について、一般人口との比較をした統計はないと思われるが、決して少なくはない。特に、試合へのプレッシャーや外国での試合などによる文化的な摩擦、さまざまなストレス要因がアスリートにはある。アスリートのうつ病治療で最も問題になるのが、「アスリートは、精神的にもタフであるべきである」という考え方のため、受診が遅れることである。うつ病は、治療できる疾患であり、治療によって元のように競技に復帰した選手も多くいる。いたずらにつらい状態を長引かせることがないよう、このような正しい知識が広まることが望まれる。

4.10　幻覚妄想状態（統合失調症など）

　統合失調症は、約100人に1人が発病する比較的多い精神疾患で、主には10歳代後半から20歳代に発症し、慢性に進行する。遺伝的背景や原因についてはいまだ十分に明らかになっていない。現在のところは、遺伝的な背景が関与し、これに環境的な要因が加わって発症するものと考えられている。

　発病のごく初期は、不機嫌、親への反抗、昼夜逆転、成績の低下、友人との交流が少なくなるなど、反抗期の状態に近い様子がみられる。また、考えがまとまらないと表現される訴えもみられる。これが次第に、奇異な内容を含むようになったり、まったく話さなくなったり、興奮状態になったりして病院に連れて来られるケースが多くある。

　統合失調症の症状は大別して陽性症状と陰性症状に分けられる。陽性症状は、急性期に多くみられ、幻聴などの幻覚、妄想、自我障害などであり、陰性症状は、感情の平板化、無気力、社会的引きこもり、などの症状を示す。統合失調症の特徴の1つとして、病識の欠如がある。本人自身は病気である、あるいは異常であるとは思っておらず、これが治療への大きな障害となる。

　このような統合失調症は、精神医学における中心的疾患である。しかしスポーツによって統合失調症が発症することはない。アスリートが統合失調症

を発症したとすれば、スポーツをしていなくても発症する可能性があったということである。しかし、もしアスリートに幻覚、妄想などの症状が認められれば速やかに精神科を受診させる必要がある。永島正紀は著書『スポーツ少年のメンタルサポート』(講談社)の中で、「自分のことを他人がうわさしている」などの幻覚妄想状態を呈し、薬物投与により速やかにこれが消退したラグビー選手の症例を提示している。こういった症例の場合、発症初期の段階ではこれが統合失調症に発展するのか、それとも一過性の幻覚妄想状態で終わるのかは明確にはわからない。ただ、このような異常が認められる場合は、一過性のものであっても症状による問題行動を起こす可能性もあり、統合失調症であればさらに早期の治療が好ましいので、躊躇せずすぐに精神科を受診させてほしい。

4.11　薬物による精神障害

　アナボリックステロイドなど筋肉を肥大させるための蛋白同化剤は禁止薬物に指定されているが、このような薬物をアスリートが用いている可能性は、いつも頭においておく必要がある。アナボリックステロイド乱用による精神症状には、攻撃性の亢進、幻覚妄想状態、うつ状態などがあるが、このような状態が疑われる場合にはすぐに精神科医を受診する必要がある。また、禁止薬物の使用を含めて、アルコールなどへの依存がアスリートに認められることもある。そのような依存は通常、本人が隠している場合もあり、発見しにくいことが多い。しかしこういった依存は、決して競技力の向上につながらないので、そのような可能性があれば依存から離脱させるべきである。このときに心理サポートが有効であることも多い。

第5章 臨床心理学の評価法（心理検査）

Key word　知能検査　性格検査　気分検査　不安検査　うつ病評価検査
スポーツ関連心理検査

5.1 心理検査を知っておくべき意義

　クライエントの状態を評価する場合、最も重要なのは実際にクライエントに会って話を聞くことである。これに加えて補助的な情報として心理検査を行うことも多くある。心理検査は、特にクライエントに会って間もない状況では、時にクライエントに関わる有用な情報が得られることもあるし、また、カウンセリングが長く行われていく中で客観的にその変化を評価したり、気づかなかった変化に気づくきっかけになったりすることもある。これまでさまざまな心理検査の方法が開発されてきた。それらをすべて知る必要はないが、よく使われている心理検査については一通りの知識を持っておいたほうがよい。また、スポーツ選手の心理状態に関連した心理検査も作成されており、それらについても知っておいたほうがよい。

　一方で、心理検査について注意すべき点は、検査の結果は絶対的なものではないし、ましてや占いのようにその結果を信じこんでクライエントに接するものでもないということである。心理検査はあくまで、クライエントの一側面をとらえるものであることを認識しておきたい。クライエントは本人を取り巻く環境を含めて人全体として存在するのであり、心理検査によって規定されるものではないことは、言うまでもない。

5.2 さまざまな心理検査

　心理検査にはさまざまなものがあるが、普及している心理検査はどれも標準化されているものである。標準化というのは、さまざまな集団に心理検査を行い、それらの平均的な値がどのようなものであるか、どのくらいの値を取るものが異常であるのか、さらにはある疾患のある集団にはどのような特徴が見られるのかなどについての調査がすでに行われているものをいう。また、海外で作られた心理検査は、翻訳が適切であるか、また日本人の集団に翻訳したものを当てはめた場合の海外でのデータとの相違などについても調べられ、結果についてかなり客観的な評価ができるようになっている。したがって、自分で聞きたい質問を表にして、これに答えてもらうような独自のものは心理検査としては一般にはあまり推奨されない。回答結果が得られても、それを客観的に評価しにくい面があるからである。このような点が、心理検査（特に質問紙検査）が一般のアンケート調査と異なっている点である。

　心理検査をいろいろな方法で分類することはできる。ここでは、**知能検査、性格検査、気分検査・不安検査、うつ病評価検査、スポーツ関連心理検査**というように検査の目的別に分類し、さらに性格検査では方法別に分けて説明した。すべてのケースにこれらの検査をすべて行う必要はまったくない。ほとんど検査を行わない場合もある。しかし、最初に述べたように、適切な時期に適切な検査を行うことによって、有用な情報が得られると考えられるので、それぞれの検査の特徴を知っておくことは重要である。

> **memo**
>
> ### 性格検査と気分検査
>
> 　本書では、性格検査と気分検査を分けて解説してある。一般には性格はそれほど変化しないものと考えられている。もちろん、性格検査を1年ごとに同一人に行えばその結果はまったく同じではないであろうが、それは変化があるという考え方をするとしても非常に緩やかな変化で、性格は通常短期間で変動するものではない。一方で、気分は変動するものであると考えられている。活気にあふれた元気な気分のこともあるが、嫌なことがあると気分が落ち込んでしまうという具合である。したがって、性格検査を頻繁に行うことはあまり意味がないが、気分検査をさまざまなイベントごとに行うことは意味がある。

図 5.1　ウェックスラー式知能検査

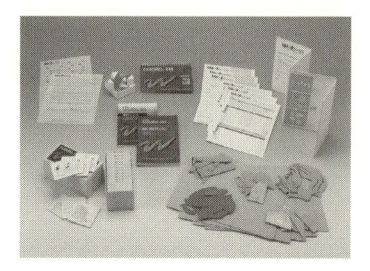

WAIS-Ⅲ 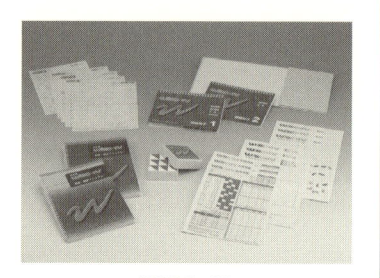　　　　　　WISC-Ⅳ
（写真提供：日本文化科学社）

A. 知能検査

●ウェックスラー成人知能検査（WAIS：Wechsler Adult Intelligence Scale）（図5.1）

　この検査は通常WAIS（ウェイス）と呼ばれている、世界的にも最も長く使われている標準的な知能検査である。現在は、第3版のWAIS-Ⅲが最も新しい版である。検査は、さまざまな道具を使って行われるので、検査用具のセットを購入する必要がある。これまでのWAIS-Rが言語性IQ（VIQ）と動作性IQ（PIQ）に分けていたのに対して、新しい第3版では、言語理解（VC）、知覚統合（PO）、作動記憶（WM）、処理速度（PS）の4つの群指数も測定でき、よりいっそう多面的な把握や解釈が可能になっている。

●ウェックスラー知能検査（WISC：Wechsler Intelligence Scale for Children）（図5.1）

　ウェックスラー式知能検査の小児版で、通常WISC（ウィスク）と呼ばれる。5歳0カ月～16歳11カ月の小児を対象として開発された最もよく使われている知能検査である。こちらも道具を必要とするので、検査用具を購入する必要がある。用具は、WAISよりも子どもが興味を持てるように作成されている。旧版のWISC-Ⅲでは言語性IQ、動作性IQが使われていたが、改訂されたWISC-Ⅳではこれは用いられず、言語理解（VCI）、知覚推理（PRI）、ワーキングメモリー（WMI）、処理速度（PSI）の4つの指標得点と、全検査IQが算出される。

B．性格検査

性格検査は、性格についての客観的情報を得る目的で行われる検査である。前述のようにこのような性格検査は標準化されており、一般集団の中における個人の性格特徴を抽出するという意味で有用な情報を提供する。

【質問紙検査】

●矢田部ギルフォード性格検査

YG検査などとも呼ばれる。12の尺度（項目）について、120個の質問に、それぞれ当てはまる（はい＝○）、当てはまらない（いいえ＝●）で答えるが、どちらとも言えない場合は△を選択する。12の尺度とは、D.抑うつ、C.回帰性傾向、I.劣等感、N.神経質、O.客観性欠如、Co.協調性欠如、Ag.愛想が悪い／攻撃性、G.一般的活動性、R.のんきさ、T.思考的外向、A.支配性、S.社会的外向である。

質問は、これらの尺度についての質問となっており、それぞれの尺度の強弱が結果として示される。それらを総合的に判定して、性格を5つの類型に分ける。5つの類型とは、A型：平均型、B型：不安定積極型、C型：安定消極型、D型：安定積極型、E型：不安定消極型である。

●モーズレイ性格検査（MPI）

モーズレイ性格検査は、学習理論で有名なアイゼンク（p.23参照）によって、イギリスで開発された質問紙法による検査である。この検査では、80項目の質問に「はい」「いいえ」「？」の三択で答え、結果を分析することによって「外向性－内向性」と「神経症的傾向」の2つの軸による評価がなされる。

●ミネソタ多面人格目録（MMPI）

この心理検査は、ミネソタ大学の精神科にて開発された人格検査で、主な目的は精神障害あるいは異常性のある人格を判別することにある。そのため、より臨床の場（病院やクリニック、精神療法施設など）で用いられることが多い。質問項目も550あり、時間がかかるが信頼性は高いと考えられている。

●エゴグラム

エゴグラムは、米国の精神科医であるエリック・バーンが開発した交流分析というカウンセリングテクニックの中からつくられた、性格検査である。性格は、次の5つの「自我状態」によって判別する。

制御する親：CP（Controlling Parent）
世話をしてくれる親：NP（Nursing Parent）
大人としての自我：A（Adult Ego State）
自由奔放な子ども：FC（Free Child）
従順な子ども：AC（Adapted Child）

　実際のエゴグラムは、これらの自我状態のどの状態により当てはまるのかを、質問に回答する形で明らかにしていく。日本では東京大学医学部により開発・作成された東大式エゴグラムなどがよく使われている。

【作業検査】

●内田クレペリン検査（図5.2）

　内田クレペリン検査は、作業検査法の代表格であり、さまざまな場面で用いられる。検査は、非常にシンプルで、検査用紙には横に1桁の数字が並んでいる。それらの数字の隣りどうしの数字を加えて、その1の桁の数字をその真ん中に書いていくだけである。1分ごとに合図があり、次の行に移る。15分間で15行分を行った後、いったん5分間休憩し、また後半の15行を同様に行い休憩を加えて35分間で検査を終わる。

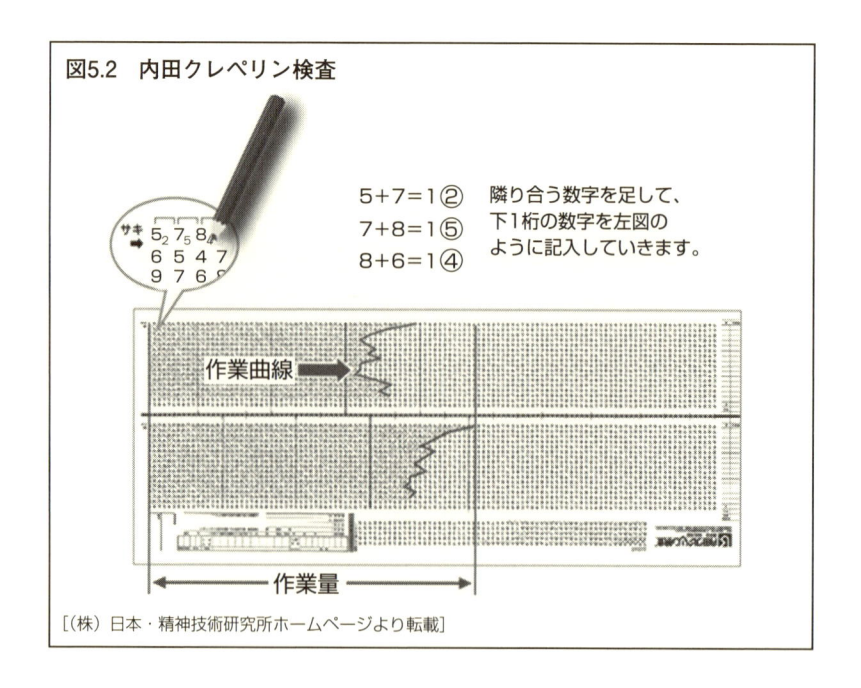

図5.2　内田クレペリン検査

5+7=1②　隣り合う数字を足して、
7+8=1⑤　下1桁の数字を左図の
8+6=1④　ように記入していきます。

［(株)日本・精神技術研究所ホームページより転載］

結果は、1分ごとの作業量の変化のパターンからできる作業曲線により、判定を行う。

【投影法検査】

投影法とは、質問項目に答える方法ではなく、さまざまな形で被験者に自由な表現をさせることによって、その内面を明らかにしようとする検査法である。

● 描画テスト（バウムテスト、HTPテスト、風景構成法）

バウムテストは、スイスのK.コッホによって開発された描画テストである。バウムとはドイツ語で木のことである。被験者は、「実のなる木を1本描いてください」という指示を受けて、木を描く。その木の、根の部分、幹の形、枝の付き方、実の付き方などから心理的内面の評価を行う。

HTPテストは、家、木、人（House、Tree、Person）の意味である。HTPテストもバウムテストと同様に、被験者に「家と木と人」を描かせる。J. N.バックによって始められた当初のHTPテストは、それぞれを別の紙に描かせていたようだが、現在では1枚の紙に描かせるのが普通である。

さらに、日本の精神科医である中井久夫の開発した風景構成法なども行われている。風景構成法は、箱庭療法（後述）から考案されたものであり、箱庭の枠に相当する四角い枠を検者が描いて行う「枠付法」も行われている。

これらの描画テストは、クライエントの非言語的な表現を受け止める手段とも考えられ、単に検査をするだけでなく、治療的な意味でのメッセージを受け止める手段としても有用である。

● ロールシャッハテスト（Rorshach Test）

ロールシャッハテストは、インクを紙にたらし、その紙を半分に折ってインクを左右対称に伸ばしてできた意味のない10枚の絵を見せ、その絵が何に見えるかを問うことによって得られる反応から、心理的内面の評価を行う心理検査である。10枚の絵は、世界中で使われている標準的なものであり、自分で同じような絵を作ってロールシャッハテストを行うことはない。絵には、モノクロのカードとカラーカードがある。また反応に対する質問の仕方なども標準化されている。それぞれに対する反応についてもすでに膨大なデータの蓄積があり、絵を通じてのやりとりなどについても評価の対象になる。

図5.3 箱庭療法

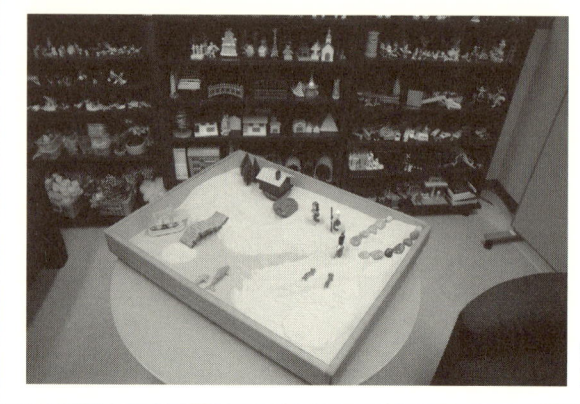

箱庭と箱庭に置くアイテム

● **文章完成法（SCT：Sentence Completion Test）**

SCTは、文章の前半部分が提示され、後半部分を自分で思うとおりに記入して文章を完成させる投影法検査である。提示される前半の文章を「刺激文」といい、これは「社会生物学的基礎」「性格」「指向」の３つの要素に分けて評価できるように構成されている。

● **箱庭療法（Sandplay Therapy）（図5.3）**

箱庭療法は名前からもわかるように、検査法というよりは治療法であるが、箱庭療法により完成された箱庭から、クライエントの心理的内面の評価もなされる。1965年に河合隼雄によって日本に導入された。実際使用される「箱」は通常木でできており、周りは7cmほどの高さの枠になっている。四角い木箱の底に水色のペンキが塗ってあり、その上に細かな砂が置いてある。砂で丘を作ることもできるし、砂を一部のけて底が見えるようにすると、池あるいは川、海のように見せることもできる。この箱のほかに小さな人形や動物、橋、家などさまざまなミニチュア玩具が用意されており、それらを箱の中の世界に置きながら、箱庭を完成させていくわけである。この際に、治療者との会話もあり、その会話のプロセスも治療的な意味を持っている。

箱庭療法は、比較的簡単に行えるとはいうものの、箱庭を作りながらの治療者との対話の中には、無意識的なメッセージなどが含まれている。心理療法家としてのトレーニングを受けずに箱庭療法を行うと、誤った心理的解釈

表5.1　POMSの6尺度

> ◇ T-A：緊張－不安（Tension-Anxiety）
> 　「気がはりつめる」「不安だ」などの9項目から構成されています。得点が高い場合、より緊張していることを示します。
> ◇ D：抑うつ－落込み（Depression-Dejection）
> 　「ゆううつだ」などの15項目から構成されています。得点が高い場合、より自信を喪失していることを示します。
> ◇ A-H：怒り－敵意（Anger-Hostility）
> 　「怒る」「すぐけんかしたくなる」などの12項目から構成されています。得点が高い場合、より怒りを感じていることを示します。
> ◇ V：活気（Vigor）
> 　「生き生きする」などの8項目から構成されています。この項目は他の5尺度とは異なりポジティブな項目であるため、この得点が低いと活気が失われていることを示唆しています。
> ◇ F：疲労（Fatigue）
> 　「ぐったりする」などの7項目から構成されています。得点が高い場合、より疲労感を感じていることを示します。
> ◇ C：混乱（Confusion）
> 　「頭が混乱する」などの7項目から構成されています。得点が高い場合、より混乱し、考えがまとまらないでいることを示します。
>
> ［金子書房ホームページより転載：http://www.kanekoshobo.co.jp/np/inner/2］

をして、クライエントに悪い影響を与えてしまうこともある。したがって、より本格的な精神分析的精神療法などのトレーニングを積んだうえで箱庭療法を理解し、行っていくのがよい。

C．気分検査、不安検査

● POMS（Profile of Mood Scale）

　POMS（ポムス）は、スポーツ心理学の分野でも非常に頻繁に用いられる気分の検査法である。65の質問に答える形式であり、過去1週間の自分の気分の状態をもとに回答する。この結果から、現在の気分の状態を6つの尺度（表5.1）に分けて評価する。これらの尺度をグラフに示すと、活気にあふれた気分の場合（氷山型）と、抑うつ感の強い非常に落ち込んだ気分の場合（逆氷山型）では、異なった特徴的な形になる（図5.4）。

　POMSは通常過去1週間の気分をもとに回答するものであるが、試合直

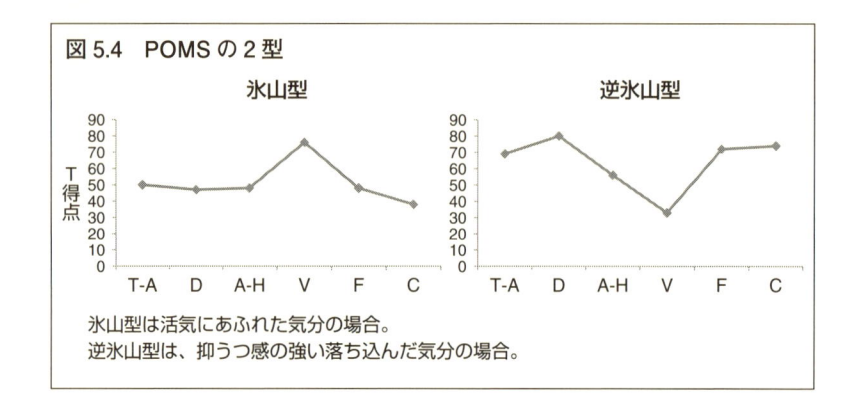

図 5.4 POMS の 2 型

氷山型／逆氷山型 のグラフ（T-A, D, A-H, V, F, C／T得点）

氷山型は活気にあふれた気分の場合。
逆氷山型は、抑うつ感の強い落ち込んだ気分の場合。

後など特別な場合には「試合後の気分で」と断ったうえで、短期間の気分の調査に用いることも可能である。

● 状態－特性不安検査 （STAI：State-Trait Anxiety Inventory）

STAI は「状態不安」と「特性不安」を測定する検査である。状態不安とは、短期に変動する不安で、状況に応じて変化しうる、現時点での不安感というようなものである。また、特性不安とは、比較的恒常的にある個人の中に続く不安のことをいう。これらの評価のための質問項目は、各 20 項目で合計 40 項目である。

D．うつ病評価検査

うつ病のスクリーニングや、重症度評価のためにさまざまなうつ病尺度が開発されている。これらのうつ病尺度は、一般的なうつ状態の評価や、症状の変化を客観的に記載する方法として用いられる。

● CES-D（Center for Epidemiologic Studies Depression Scale）

CES-D（セスディー）と呼ばれる。この検査は、20 項目の質問に対し 4 段階で答える。比較的簡単に回答できるので、精神科クリニックなどでは初診時のスクリーニングに用いられることもある。CES-D の質問紙の内容の一部を図 5.5 に示す。

● ツング自己評価うつ病尺度（SDS：The Zung Self-rating Depression Scale）

ツング自己評価うつ病尺度は、自己回答式のうつ病スクリーニング用質問票で、20 項目の質問に対し 4 段階で答える。比較的簡単に回答できるので、精神科クリニックなどでは初診時のスクリーニングに用いられることも

図5.5 CES-D

```
CES-D
氏名＿＿＿＿＿＿＿＿＿＿＿＿　検査日　平成＿＿年＿＿月＿＿日

A　ないかあってもほんの少し　この１週間でまったくないか、あっても１日足らず
B　少し　この１週間で１～２日
C　かなり　この１週間で３～４日
D　ほとんど　この１週間で５日以上
```

1	普段は何でもないことで困る。	A	B	C	D
2	食べたくない。食欲が落ちた。	A	B	C	D
3	家族や友人に助けてもらってもゆううつな気分を払いのけることができない。	A	B	C	D
4	私は他の人と同じくらいよい人間だ。	A	B	C	D
5	物事に集中することができない。	A	B	C	D
6	落ち込んでいる。	A	B	C	D
7	何をするのもめんどうだ。	A	B	C	D
8	将来に希望がある。	A	B	C	D
9	自分の人生は失敗だったと思う。	A	B	C	D
10	何か恐ろしく感じる。	A	B	C	D
11	熟眠できない。	A	B	C	D
12	幸せだ。	A	B	C	D
13	いつもより口数が少ない。	A	B	C	D
14	さびしいと感じる。	A	B	C	D

ある。

E．スポーツ関連心理検査
● DIPCA.3（心理的競技能力診断検査）
● DIPS-B.1（試合前の心理状態診断検査）および DIPS-D.2（試合中の心理状態診断検査）

　これらは、スポーツ心理学に特化した質問紙式の心理検査であり、九州大学の徳永幹雄らによって開発された日本独自のものである。
　DIPCA（Diagnostic Inventory of Psychological-Competitive Ability for Athletes）は、アスリート個人の心理的特性について診断するもので、忍耐

力、闘争心、集中力、自己コントロール能力、判断力、協調性などの12の内容で診断される。

　DIPS（Diagnostic Inventory of Psychological State）は、試合前、または試合中の心理状態を診断するもので、試合前（DIPS-B.1）と試合中（DIPS-D.2）の2つの質問紙からなる。

　一般に、心理検査はアスリートを対象に作られていないので、競技に特化した心理状態の評価には時に向かないことがある。ここに示した検査は、その点ではアスリートを対象に作られており、競技に特化した心理状態の評価には向いている。メンタルトレーニングなどの介入前後の評価に用いることも可能である。

第6章 スポーツカウンセリングの実際

Key word　カウンセリングを行う場所　治療の枠　リレーション　公私の区別　ケース検討会

6.1 カウンセリングを有効に行うために

　カウンセリングには、こうしなければならないというスタイルはない。クライエントの問題が解決するのであれば、妥当な範囲でどのような方法をとってもよい。妥当な範囲というのは、カウンセラーの力量にもよるし、カウンセリングを行う時代や社会の文化的な背景にも関係している。

　時間にしても、同様である。通常は、時間を区切って行う。区切った時間に対して、料金を設定することも多い。30分から1時間ほどのカウンセリング時間を取る場合が多い。しかし、これも必要に応じて、つまりクライエントの問題を解決するのに適切であれば、妥当な範囲で長くも短くもできる。しかし、時間は決めておくべきである。そうしないと、時にいつまでも、話が終わらなくなることがある。また、同じ理由で長すぎると冗長になり、カウンセラーとクライエントの関係に悪い影響を及ぼすこともある。1時間以上のカウンセリングは通常行わない。

　カウンセリングを行う時に、クライエントがただ雑然と話をするのでは、相手のペースで話が終わってしまう、あるいは、話があまり深まらずに、時間が過ぎるということもある。もちろん、相手の話すままに話を聞くということも大切な時間帯ではあるが、それも含めて、カウンセラーは何が起きて

いるのかわかっているのが理想である。カウンセリングの場でクライエントが何を意図して話しているのか、クライエントと自分がどのような関係になっているのかをカウンセラーは常に意識していることも重要である。しかし、カウンセラーが話の内容をコントロールしすぎると、誘導尋問になってしまい、カウンセラーの望んでいることをクライエントが話して終わってしまうこともある。

　こういったさまざまな状況の中で、有効にクライエントを治療的な方向に導いていくことは、非常に長い経験が必要である。一方で効率的に治療的な経験を積むためには、知識も重要であろう。この章では、カウンセリングを実際に行う場合の基礎的な知識について解説する。また、スポーツカウンセリングの特徴についても述べ、スポーツカウンセリングを行う場合の心構えについても解説する。

6.2　カウンセラーの基本的な心構え

A．カウンセリングを行う場所

　カウンセリングを受ける人が、カウンセラーに出会うということは、非常に勇気のいることである。まったく知らない人に対して、自分のことを話す。また、相手は自分のことを話すわけではない。対等でない関係がそこにはある。したがって、カウンセラーは、やってきた人がクライエントとして来談しやすい環境や関係になるように、注意を払う必要が非常にある。

　環境という点では、**カウンセリングを行う場所**は大切である。スポーツカウンセリングの場合は、トレーニング場の近くで行うことは必ずしも良いとは言えないことが多い。相談の内容は、指導者やチームメートに話したくないことも多く、声が聞こえるようなところはもちろん論外であるが、声が聞こえなくても、近くでチームメートがトレーニングをしているような場所は避けたほうがよい。

　また、カウンセリングを行う部屋も、あまり雑然とした部屋よりは、豪華である必要はないがある程度気持ちが落ち着いて話ができる部屋がよい。また、カウンセラーの私室のような、カウンセラーの私的な世界がよくわかる部屋は好ましくない。

B. 話を聞きながら問題の本質を明らかにする

さて、クライエントが話をするのは勇気がいるとこの章の最初に書いたが、一方でクライエントがカウンセラーに会いに来る理由は、必ずある。これは、会合などや友人の紹介などで偶然初めて会った人と話をする場合とは大きく異なる点である。したがって、話す材料はそこに必ずあり、どんなにこじれていたとしても、何らかの結論を出すべき問題はそこに存在する。

多くの場合はクライエント自身が問題を話し始め、その問題を解決していくことになる。しかし、少なからず、クライエントの語る問題が本質からずれていることもある。そういった場合には、まずはクライエントの話を聞きながら、ずれを感じながら少しずつ修正していくことが必要になる。あるいは、クライエントは「監督に言われたから来たが、自分はどこも悪いところなどない」と話して、カウンセリングを続ける意志のまったくないように話すこともある。そういった場合でも、何らかの理由があって監督が強くそう勧めているわけであり、本人に問題があるのか監督に問題があるのかは不明であるが、どこかに問題はあるはずである。少なくともしばらく話を続けながら、問題の本質を明らかにしていく作業が必要であり、その場での継続が難しくても、ゆくゆく同じカウンセラーのところに戻ってこられる関係をつくることも大切である。このような関係（**リレーション**）をつくることが、カウンセリングの第一段階と言ってもよい。

C. 治療の枠の問題

さらには、「**治療の枠**」という概念がある。治療の枠は、治療をする場をどこまで広げるのかということを意味する。

アスリートには競技を行う場がある。競技を行う場にカウンセラーが出かけて行って、アスリートの姿を見て応援することは、治療の枠を越えていると考えられることが多い。治療の枠を越えて、カウンセラーがクライエントの生活の中に入っていってしまうことになる面があるからである。しかし、それは絶対にいけないこととも言えない。筆者もまれには、ある程度クライエントの問題が解決した時に試合を見に行ったりすることもある。ただ、こういう場合にも注意が必要である。クライエントは、練習や試合の場にカウンセラーが現れることを嫌うこともある（図6.1）。また逆に境界がなくなり、どこででもいろいろな話ができるものとクライエントが考えてしまい、

図6.1　治療の枠

なんでカウンセラーが来てるんだろう

治療の枠を越えていないかどうか、注意が必要である

話をすることを際限なく求めてくる場合もある。

　治療の枠についてはこのような「場所」だけでなく、メールで対応する場合にも同様のことが言える。クライエントによっては、ちょっとしたことでもすぐにメールでの対応を求めてくる場合がある。また、返事を出さないことがあるとそのことで、「カウンセラーがクライエントを拒否した」と考えてしまうこともある。メールでの対応は必ずしも絶対にいけないことではないが、始めたらその後起こることについてある程度予測しながら、慎重に考えたほうがよい。

　治療の枠の問題が難しくなるのは、競技現場にいる人たちがアスリートの心理的問題を取り扱う場合である。通常、指導者やアスレチックトレーナーらは、自分の電話番号や住所などをアスリートに知らせていることが多い。通常のトレーニング場面では、すぐに連絡がとれるということは好ましいことであるが、治療関係の中では自宅まで出向いてサポートすることは、その後対応できない関係を要求される結果となることもある。通常は、もしカウンセリング的なアプローチをするのであれば、その話は場所を決めて、決まった時間内で行うほうがよい。したがって、ある程度以上にカウンセリング

的に関わるのであれば、実際の競技に関連したチームのスタッフ（監督、コーチ、トレーナー、マネージャーなど）ではなく、チームの外にいる人、すなわち、専門のカウンセラーが行うのが好ましいということになる。

D. 公私の区別

　カウンセリングは「仕事」であり、仕事としてクライエントの問題を解決するということを忘れてはいけない。若いカウンセラーは、時にカウンセリングに対して**公私の区別**が付かなくなり、クライエントを私生活にまで持ち込んで抱え込んでしまう場合がある。どこまで、クライエントと関わるのかは、さまざまな議論のある問題ではあるが、1つのポイントは、そのスタイルが継続可能であるかどうかである。

　クライエントに自分の私的なメールアドレスを教えたり、携帯電話の番号を教えたりすることは、まったくいけないとも言えない。しかし、クライエントによっては、1日に何度も電話をしてきたり、夜中にも電話をしてくることもある。「治療の枠」の項でも触れたが、そういうことを十分承知のうえで、行わなければカウンセリングが継続できなくなる。自分で教えておきながら、クライエントを叱る場合もある。これも、あくまでカウンセリングの一環として問題のある行動を修正するという意味あいでならよいが、自分の私生活が保てないので、叱っているのは、最初からそういったものを教えたらどうなるのかということが予測できなかったカウンセラーの問題を露呈しているに過ぎない。さらには、そういった事態に陥れば、クライエントはカウンセラーに見捨てられたと思うことさえある。そういった、全体のコントロールができ、継続が可能な形で、カウンセリングを行う必要がある。

E. 独りよがりにならないようにする

　カウンセリングを行う時に気を配るべきもう1つは、カウンセリングが独りよがりにならないようにするということがある。どのようにカウンセリングを行うのかは経験あるカウンセラーによっても、意見が食い違うことも多くあり、一概には言えない。カウンセリングをどこまでどのようにするのかというのは、かなり相対的なことでもある。したがって、カウンセリングを行うのであれば、その経過を定期的に**ケース検討会**などに出して、複数の専門家の意見を聞くことが、非常に参考になる。逆に言えば、こういった場を

持つことなしに、経験のない者がカウンセリングを続けることは、時にクライエントを危険な状態に追い込むこともあり、避けなければいけない。

6.3 スポーツカウンセリングの特徴

A. 影響力を持つ指導者の存在

スポーツカウンセリングの場合、クライエントであるアスリートは多くの指導者と関わっている。それぞれの指導者は、クライエントに対して誠意をもって指導を行っており、非常に大きな影響力を持っていることが多い。したがって、カウンセリングをスタートする時にそういった構造をしっかり理解しながら、かなり長期的な展望にたって（あるいは、短期的に終了したほうがよいという判断もあり得ると思うが）、全体としてアスリートがより良い競技成績を残せるように配慮するということも大切であろう。

B. 良い競技成績を残すことを優先することもある

一般のカウンセリングとスポーツカウンセリングの関係は、一般医学とスポーツ医学の関係に似た面がある。たとえば足首の靱帯をひどく痛めて病院に行ったとする。一般には、次の日曜に友人たちとスキーに行くので、その時に痛み止めを打ってくれと言えば、常識を外れた要求として、医者からは諭されることになろう。ところが、これが重要な競技会であれば、痛み止めを打って出場するということは時にある。このように、スポーツ医学においては競技会が目前にあればこれを優先し、競技会が終われば治療をしっかりするということがある。

スポーツカウンセリングにおいても同様に、競技へ復帰し競技で良い成績を残すことを優先させる場合がある。一般に、さまざまな問題を自省的に根本まで遡って、解決することは時間のかかることである。しかし、それをしていたのでは練習にもいつまでも集中できないし、競技会で良い成績を残せないとすれば、根本的な問題はさておいて、競技に復帰し良い成績を残す方法を考えることもありうる。

こういう現実に適応するということでは、実は一般のカウンセリングでもありうることでもある。現実への適応とカウンセリングの進行は、常にクライエントの置かれている状況を考えながらそのバランスの中で判断するのが

よい。そう考えれば、一般のカウンセリングとスポーツカウンセリングに基本的には大きな差がないと考えることも可能かもしれない。

第7章 スポーツカウンセリング実践の手順

Key word　本人の意志　問題の本質　生活史　家族関係　人間関係　生活時間　経済状況　ケース検討会　リファー

7.1　カウンセリングへの紹介のされ方

　すでに述べてきたように、クライエントはさまざまな形でカウンセリングにやって来る。したがって、最初にクライエントに会う時に重要なことは、「クライエント自身がカウンセリングに来る意図があるのかどうか」を確認することである。筆者は、監督やトレーナーからの紹介があった場合、ほぼ必ず本人からも直接連絡してもらうようにしている。本人からの連絡があれば、それは**本人の意志**による行為であり、クライエント自身の意図がそこにある。したがって、たとえそれが「人に言われたから連絡しました」というようなものであっても、そこから対話をスタートすることができる。

　これが、監督から「何とかしてほしい」という連絡を受けて、カウンセラーが直接クライエントに連絡すると、「自分は、こんなことしたくなかったが、先生に言われて、しょうがなくやってきた」という構造がずっと残ることになる。

　また、紹介のされ方から、困っているのが誰かがわかることもある。カウンセリングの対象は、自分もしくは周りが悩むというものであるから、本人がさほど悩んでいなくても周りが悩んでいるのであれば、対象として考えることはできる。しかし、本人以外からの強い意図でカウンセリングがスター

トする場合は、悩んでいるのはむしろ周りであることが多い。このような構造も、紹介のされ方から明らかになる。

　以上が一般的なことである。これに加えて、時には本人がカウンセリングに来たくなくても積極的にカウンセラーが介入することもある。たとえば、明らかに精神疾患が疑われる場合や、本人に自殺企図、摂食拒否による過剰な痩せなど身の危険が迫っている場合などである。本書は入門書であるので、この本の読者であれば、このようなケースについては、周りに相談し、早く医療機関につなげるよう努力をするのが一番良いであろう。

7.2 クライエントを前にして

A. 最初に確認すべき事柄

　最初に、「どんな相談でみえましたか？」とクライエントに直接聞く。これは当たり前のようでいて、非常に大切なことである。これは、問題が何なのかを明らかにするというよりも、「現在の問題をクライエントがどのようにとらえているのか」が明らかになるという点で大切である。また、カウンセラーがクライエントの話の内容を最優先して聞く姿勢を持っていることも示すことができる。さまざまな情報を集めていくと、実際にはクライエントの言う相談の内容が本質でないことも多くある。したがって、クライエントの言葉は非常に重要な、しかし字義通りにとらえるのではなく、字義通りの意味の可能性も含めて、これから明らかにしていかなくてはならないさまざまな可能性の出発点になるわけである。そこから、カウンセリングが始まる。このような中立的な視点は、非常に大切である。

　たとえば、クライエントは「オーバートレーニングって言われまして」と言う。そういう時には、「オーバートレーニングって、どんなことが困ってるんですか？」と聞く。すると、「やる気が出なくて」とクライエントが答える。「誰に言われたの？」「帯同のドクターです」など。

　時には、クライエントに聞いても、付添者が最初に答えることもある。カウンセリングを継続して行うかどうかを決める初回は、付添者がいる場合もあるが、付添者の発言が多い場合には、付添者に部屋の外に出てもらい、本人だけから話を聞くことも多い。

　あらかじめ、紹介者がさまざまな情報を伝えてくることも多いが、そうい

図7.1 紹介者の情報とクライエントの陳述

クライエント:「練習に熱が入らないんです。オーバートレーニングみたいです」
カウンセラー:「どんな相談でみえましたか?」
紹介者:「試合で負けたショックから立ち直れないようなんです」

★クライエントが問題をどうとらえているかを、まず確認する。
★紹介者の情報とクライエントの話が、同じ場合と違う場合がある。

う場合も、白紙の状態でクライエントに「どんな相談でみえましたか?」と聞くのが非常によい(図7.1)。紹介者の情報と、クライエントのその場での陳述が同じ場合には、2つの可能性がある。1つは、紹介者もクライエントも同じ問題の本質を共有しそれに困り、その解決の助けを求めている場合、2つ目は、問題の本質を外れた問題をどちらかが作り上げ、その作り上げた問題を2人で同じように話している場合である。

また、紹介者とクライエントの訴えの内容が異なることもある。そういう場合には、まずはクライエントの話を基本に話を聞く。カウンセリングの対象はあくまで、クライエントであり、紹介者のためにカウンセリングをするわけではないからである。

B. 相談の訴えと問題の本質

先に述べたように「どんな相談でみえましたか?」とクライエントに聞くのが基本であるが、そこに**問題の本質**があるかどうかはまた別の問題である。したがって、カウンセラーは常に、問題の本質がどこにあるのかを探す

目も持っていなければならない。また、問題の本質がある程度見えてきたとしても、クライエントがそれに必ずしも同意するとは限らない。

たとえば、話を聞いていくうちに、本人の問題が家族関係に起因すると考えられることがある。しかし、家族関係に言及されることを極端に嫌がるクライエントもいて、そういう人に「お父さんとの関係が、あなたの困っていることと関係がありそうですね」などと言っても、何を言っているんだという顔をされ、さらにはそれ以降やって来なくなってしまうこともある。

したがって、相談の訴えについて話し合う場合には、クライエントが受け入れられるレベルで話を進めていかざるをえない。治療法として、箱庭療法（p.70 参照）などを使う場合もあるが、それは、クライエントが言葉では直接親子関係などについて語れない場合でも、人形や小さな木や家などを使って箱庭を作る中に、クライエントの訴えの本質が現れるからである。クライエントははっきり言葉にしなくてよいのであれば、表現できることもある。

時に、カウンセラーが「問題の本質がここにある」と指摘することもないわけではないが、その場合には、その後に起こることへの十分な注意が必要である。最悪の場合、自分自身で受け入れることができない内容を正面から指摘されたクライエントは、自殺することもある。

大切なのは、問題の本質をクライエントに早急にわからせることではなく、カウンセリングを通じて、クライエントの問題を解決する方向に進ませることである。このことを絶対に忘れてはいけない。また、カウンセラーは、自分がこのクライエントの問題にどこまで関われるのかも常に自分自身に問いながらカウンセリングを続ける必要があろう。そのようなことを十分に認識していれば、カウンセラーとクライエントとの関係は、しっかりとしたものとなっていくであろう。

C. 生活史

カウンセリングにおいて**生活史**を聞くことは、非常に重要である。これは、心の発達の章（第3章）で述べたように、生活史の中に現在の問題につながるさまざまなヒントがあるからである。生活史の中では、両親との関係や兄弟との関係、友人、影響を受けた周りの人のことなど、聞くことは非常にたくさんある。これらの事柄を、心の発達の知識に照らし合わせながら、聞いてみる。

生活史については、筆者は時間がある時には一通り、生まれた場所などから聞くこともあるが、一度生活史を聞いたからといって、すべてが話せているわけではない。これは、本人が話したくないという場合もあるし、覚えていないとか話の流れで話題に出ずに過ぎてしまうこともある。ただ、一度生活史を聞いておくと、カウンセラーもこの人がどのような経歴をたどってきたのかが頭に残り、目の前のクライエントの後ろに広がる世界の見え方が広くなるということもある。

　また、一般的にクライエント自身がどんなことまで話してよいのかわからないということもあり、最初から困っている症状や現在の問題以外のことは話さないこともある。これに対して、生活史などについても聞いてもらえるということは、自分自身をさまざまな側面からわかってもらえたという満足感を持つ効果もある。

　また、逆にそんなことまで根掘り葉掘り聞くなというような反応のこともある。そういった場合には、あまり無理をせずに適当なところで話をやめて、また時間をおいて聞いてみるとよい。そういった中で、また話が深まってくることが多い。あるいは、話したがらないというのはそれなりの理由がある可能性もあり、そういう反応であったということは頭においておくとよい。

　いずれにしても、生まれてから今までのことを、無理をして表を埋めるように聞いていく聞き方はよくない。自然に、クライエントについてよく知りたいのでそういう話を聞きたいというカウンセラーの気持ちが伝わるように聞くとよい。多くの場合は、何か生活史に問題があれば、その部分が抜けるか、あるいは過剰に説明が加わる。このように、ある部分について過剰に話したり、ある部分が抜けたりすることがあれば、そのこと自体が大きな情報である。

D. 家族関係

　心の発達の章（第3章）でも解説したように、**家族関係**は心の発達に非常に重要な役割を持っている。したがって、クライエントの家族関係について聞くことは生活史と同様に非常に重要である。生活史と家族関係は分けて聞く必要はないが、簡単な家族図を描いてみると、わかることが多くある。家族図の実例を図7.2と図7.3に示す。特にこれという情報のない家族図（図

図7.2 家族図（その1）

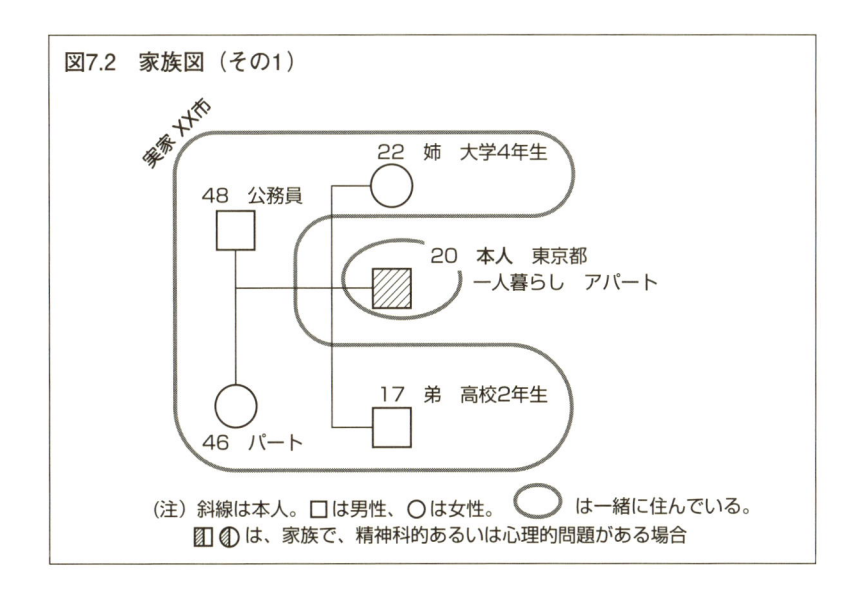

実家XX市
48 公務員
22 姉 大学4年生
20 本人 東京都 一人暮らし アパート
46 パート
17 弟 高校2年生

（注）斜線は本人。□は男性、○は女性。◯は一緒に住んでいる。
▨ ⊘ は、家族で、精神科的あるいは心理的問題がある場合

7.2）と、いくつか複雑な要素のある家族図（図7.3）である。家族図を作る作業をすると、それまでわからなかったことがわかることもある。たとえば、兄弟姉妹のことや、両親の年齢の違い、誰と誰が一緒に住んでいるのか、どのくらいの距離に住んでいるのか、などである。家族図は、クライエントと共同作業でつくると、クライエントがより協力的になってくれることもある。

家族関係についても、クライエントが話をしたがらないことがある。これも同様に重要な情報である。その場合には無理には聞かない。しかし、話をしたがらなかったことは覚えておいたほうがよい。ずいぶんたってから、聞けなかった話が別の話からつながることもある。

E. 競技活動内外での人間関係

スポーツカウンセリングにおいては、競技活動に関連した**人間関係**は非常に重要である。学生であれば、部活動の関係者、社会人であればチームにかかわるさまざまな人たちや指導者との関係は、クライエントの心の悩みと非常に関連が大きいことが多い。特に、競技においては指導者との関係は時に非常に濃密になるが、一方で一般社会とは違った特殊性をも持っている。指導者には、競技以外の弱みは見せられないという場合もある。また、指導者

図7.3　家族図（その2）

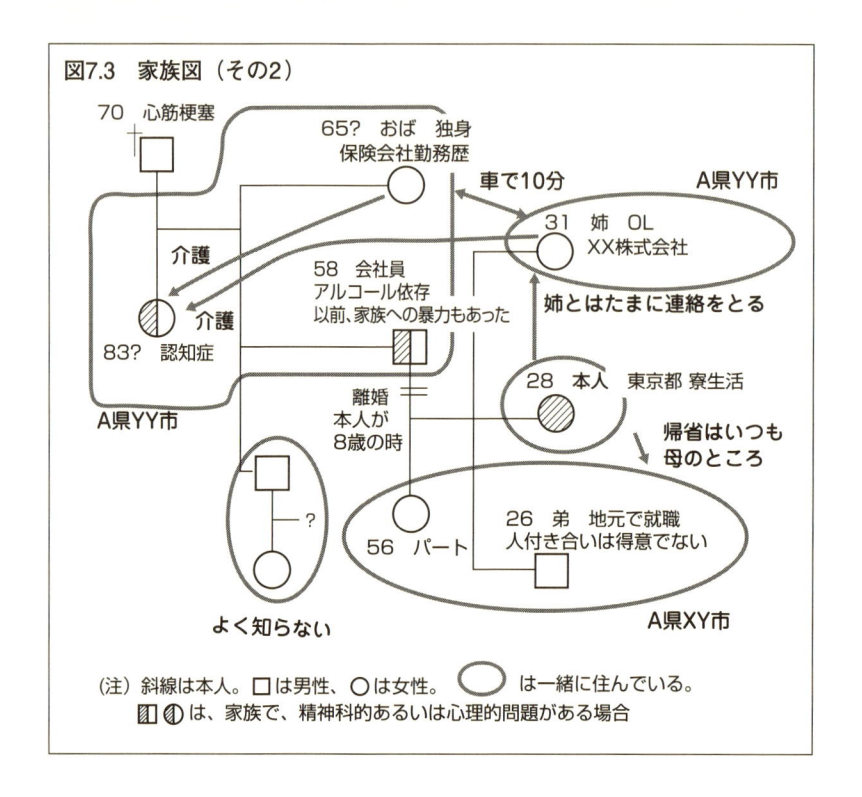

（注）斜線は本人。□は男性、○は女性。◯は一緒に住んでいる。
▨●は、家族で、精神科的あるいは心理的問題がある場合

との関係は密室状態でもあり、他からわからない関係があることもある。時には、セクシャルハラスメントやパワーハラスメントが隠れている場合もある。あるいは、契約がかかわる場では、経済面など別の要素が人間関係に加わることもある。

これに加えて、競技以外の人間関係も存在する。その中には、友人関係や恋人、時には競技以外の仕事に関連した人間関係もある。このような人間関係は、「スポーツ」カウンセリングには関係がないとクライエントが思い込んでいることもある。しかし、こういった事柄が重要な意味を持っていることもあるので、クライエントが自由にさまざまな内容を話せるように、話の範囲を限定しないようにすることも大切である。

このような人間関係を聞く場合に、一般名詞を用いることは最初説明の際に必要かもしれないが、筆者はなるべく実名で話をするようにしている。「チームにはトレーナーが2人いて、そのうちの1人が自分の担当になって

くれている。その自分の担当のトレーナーが、自分でない選手の担当になりたいようだ。しかし、そのトレーナーが担当したがっている選手は、それは嫌だと思っている」などという話になると、誰が誰だかわからなくなる。それよりも、カウンセリングの場面で聞いた話は他には話さないという約束をしっかりしたうえで、実名を聞いて実名で「AさんがBさんの担当になりたがっているが、Bさんはそれを嫌がっている」としたほうがわかりやすい。また、わかりやすいだけでなく、その現場の状況がありありと伝わる。また、カウンセラーが現場の状況をよくわかってくれているという感覚をクライエントが持ちやすい。

　また、最初クライエントがチーム全体の問題だと言って話を始めることもあるが、こういう場合も問題になっているキーパーソンはたった1人、多くても2人くらいしかいないケースが非常に多い。したがって、「誰がそう言うんですか？」とか、「その人の名前は何ですか？」と聞いたりして、実名で話すことにより、クライエントが問題の本質を自ら早く整理することができるという利点もある。つまり、チームの中に漠然とした人間関係の問題が存在するようにクライエントがとらえていることが時にあるが、その問題を実名を使って整理してみると、実はある1人の問題であるということにクライエントが早く気付くこともある。

　同様に、チーム外の人間関係においても、最初クライエントはどこまで説明していいものかわからず、一般論的に話を始めることがあるが、話はなるべく具体的に、またその人の特徴がつかめるように、わからない部分は質問しながら聞くようにするとよい。一方で、家族関係についての質問と同様に、クライエントにチーム外の人間関係について質問をしてもあまり答えてくれないこともある。そういう時には、その場ではあまりしつこく質問せず、次の話題に移ったほうがよい。その場合も、そういう話の流れになったことは、記憶しておくとよい。後日、またその話題に戻って、実はクライエントも話しあぐねていたが、今どう話してよいかわかったと言って、話を始めることもある。

F. 生活時間

　生活時間とは、朝何時に起きて何時にご飯を食べ、昼間は何をして夜は何時に寝るのかというようなことである。1日の生活がどのようになっている

のかを一応聞くことは意味がある。これも、カウンセリングの初回に必ず聞いておかなければならないことではないが、話をしているうちにいったいどんな生活をしているのかと思う時などは聞いてみるとよい。食事が不規則であったり、睡眠時間が長すぎたり、あるいは逆に睡眠時間が短く不規則だったり、さらには、通勤通学に非常に時間がかかるということが明らかになることもある。本人が本質ではないと思って話さないことで大切な情報があることもある。また、このような話題から意外なアルバイトをしているなどの情報が得られることもある。

あるケースは、オーバートレーニング症候群ということで、トレーナーから紹介された。話を聞いてみると、自宅が遠く、1時限目の講義に間に合うためには朝5時前には起きなくてはならず、体育実技の授業で疲れる日も多かった。講義が終わってから練習場に行き、練習に参加する。クラブは夕方から始まり練習は午後8時頃には終わるが、その後の後片付けやミーティングなどがあり、解放されるのは夜10時頃である。それから、電車で自宅に戻ると家に着くのは午前1時近くになる。その後、お腹が減るので食事をし、風呂に入って床に就くと早くとも2時である。3時間ほどの睡眠をとって、また翌日大学へ出かけるという生活であった。類似した状況は時々あり、第8章のケースでも紹介する。

G. 経済状況

経済的な状況についても聞く必要はある。競技を続けるということは、必ずしも高収入が得られる状況が与えられるわけではない。むしろ、経済的には苦しい状態を迫られる場合が多い。また、遠征などで費用がかかることも多い。このような経済面については、自分がすべてアルバイトや仕事で賄っているのか、あるいは誰がどのように支えているのかなどについて、機会があった時に聞いてみるとよい。

経済的なことは、心理的に非常に大きな影響を持っている。社会統計をみても、経済が悪化すると自殺者が増えるといった非常に強い関係が見出される。アスリートも経済的に困窮していれば、そのことがストレスにならないはずはない。一方で、アスリートは「弱音を吐かない」ことを自分の信条としている場合も多い。これは、悪いことではない。しかし、問題の本質の一部がもしそこにあるのであれば、カウンセラーが知ることでよりよい解決法

が見つかる場合もあろう。カウンセリングをしても経済的に豊かになることはないが、支持的に接しクライエントのストレスを軽減することにより、クライエント自身がより良い解決法を自分で見い出せるようになるということは、まま経験するところである。その時に、問題のさまざまな側面について丁寧に話を聞き、それについても理解を示しながら支持的に接していくことは、カウンセリングという側面からも効果の大きな重要な点でもある。

7.3 カウンセリングが進行する中での評価

　カウンセリングを続けていると、カウンセラーとクライエントの関係は次第に変化してくる。たとえば、最初は緊張していたのが次第に緊張が解けてきたり、笑い顔が見えてきたり。また、時に攻撃的になったり治療がマンネリ化してしまい、あまり変化がなくなってしまうこともある。そんな時には、カウンセラーも自分が今どのような治療の位置にいるのかを含めて、一度流れを整理してみるとよい。もし、専門的にカウンセリングを行うのであれば、当然トレーニングを受けてきているはずであるので、その学友やスーパーバイザーと、**ケース検討会**をぜひ行うようにするとよい。

　ケース検討会では、時間をかけて１例を丁寧に検討する。メンバーに検討をしてもらうために、まとめを作る。まとめを作る作業は非常に有用である。まとめを作っているうちに、思わぬ糸口が見い出せたりすることもある。また、スーパーバイザーたちは、先入観なくその症例と治療の流れについてのアドバイスをくれ、それによって自分には見えてなかった視点が得られる。カウンセリングの仕方は、正しい一通りのやり方があるというわけではないので、ケースを提示する人も、症例検討会に出席した人たちもさまざまな可能性を考えながら、発言するとよい。一方で、クライエントに接する治療者は原則としてカウンセラー１人であるので、さまざまな意見について、最終的なところはカウンセラーが自分の中で消化していくことになる。

　このような、カウンセリングが進行する中での途中評価は、カウンセリングの方向性を常に客観的にも修正しながら良い方向に向けていくうえで重要である。すべてのケースをケース検討会に出すことは実際的に難しいかもしれないが、何例かのケースでも、このようなケース検討会で検討することで、問題点を一般化したり、あるいはカウンセラーとしての自分自身の癖に

ついて認識したりすることもでき、非常に有用である。

7.4 他の機関へ紹介するかどうかの判断（リファー）

　他の機関へクライエントを紹介することを**リファー**（refer）と呼んでいる。リファーするのは自分では治療が困難なクライエントだが、それは自分自身が関わるのが難しいほど困難な症例だったり、専門外の症例だったり、さまざまな場合がありうる。その他にも、男性のカウンセラーが、女性のカウンセラーのほうが望ましいと考えたり、その逆であったりする場合もある。また、時にはクライエントからそういった希望が出ることもある。

　このような時に、カウンセラーがしっかりと注意して認識しなければならないことは、「リファーすることは、自分の非力を認めること」だと思ったり、「せっかく関係ができ始めたクライエントが自分の手から離れることになってしまうから、それは嫌なので自分で抱え込んでしまう」ということにならないようにすることである。客観的な視点で判断をすることが大切なのである。これは、常に起こりうる問題である。何とか自分で治したいという気持ちは、非常に大事でそれがクライエントを回復へ向かわせる力になる。しかし、たとえば心理療法の対象からは外れたケースであっても、現場でできる範囲を越えて、カウンセラーが自分で治そうと抱え込んでしまうことがある。これは、カウンセラーに限ったことではなく、医者もそうであるし、スポーツの世界では、監督やコーチもそういう状態を作り出す。あるいは、相談を受け始めたアスレティックトレーナーが、自分が何とかしてあげなければだめだと思って抱え込んでしまうケースも筆者は見た。自分でこの問題を何とかしようということがいけないわけではない。また、そういう気持ちを抑えることは難しい。したがって、本書の読者には、「ああ、自分の中には抱え込みたいという気持ちがあるな」と客観的に思えるよう、このようなことがよくあるという知識をぜひ持っていてもらいたい。

　これとは逆に、クライエントからカウンセラーを変えてほしいとの申し出があることもある。そのような時には、申し出を受け入れずにしっかりと自分で対応したほうが良い場合もある。その見極めもなかなか難しい。どれが正しかったと言えないこともある。このような場合には、ケース検討会などを利用して、いろいろな視点からカウンセリングを見直してみることもよい

であろう。

　さらに、リファーの大きな部分として、医療機関への紹介がある。もし、長期に続くうつ状態や幻覚妄想状態などがあり、精神疾患が疑われる場合には、精神科医へ紹介するべきである。そのような判断がしっかりできるために、専門的にカウンセリングを行う人は、精神医学の知識をある程度持っている必要がある。本書でも精神医学の基本的知識については第4章で解説したが、臨床心理士の課程では、基礎的な精神医学の勉強を必ずすることになっている。表7.1に医療機関にリファーすべき症状について主なものを示した（次ページ）。

表7.1　症状からみた医療機関に紹介すべき主なケース

自殺念慮が見られる場合	自殺を考えることを、自殺念慮という。自殺をしたいと考えることとうつ病とは同値ではないが、うつ病である可能性は高い。うつ病の治療には投薬は必須で、カウンセリングだけの治療を考えるべきではない。医療機関に紹介するべきである。時に入院が必要になる場合もある。
オーバートレーニング症候群	オーバートレーニング症候群は、上記のうつ状態と非常に類似した精神症状を呈する。オーバートレーニング症候群に対して、適切なカウンセリングを行うことは有効であるが、ケースによっては支持的なカウンセリングだけでなく、投薬を含めた治療も行うべきであり、医療機関に紹介すべきケースもある。また、オーバートレーニング症候群ではないケースが、時に競技関係者からオーバートレーニング症候群という名前で誤って紹介されることもあるので、状態を見極める時には常に中立的な目を持つ必要がある。
幻覚妄想状態	幻覚妄想状態とは、実際にはない声や音が聞こえたり、物が見えたり、また現実的ではない事柄（誰かが私を殺そうとしている）を信じ込んだりすることである。統合失調症などの疾患が考えられるが、その他の疾患であることもある。こういったケースに、カウンセリングを続けると状態がより悪化することもあるので、医療機関との連携は必須である。
けいれんなどの身体症状が合併している	けいれんや麻痺は、カウンセリングの対象となる「解離性障害」あるいは「ヒステリー」などでも出現するが、一方でてんかんや脳腫瘍などの脳の疾患でも出現する。また、このような脳の疾患でも精神症状は出現する。
パニック発作	突然動悸、めまい、発汗などが出現し、死んでしまうのではないかという不安に襲われる。パニック障害（p.49参照）という疾患である可能性があるが、薬物療法が著効するケースも多く、医療機関に紹介すべきである。アスリートでは過換気症候群が多く出現することもある。過換気症候群は、身体的な問題だけの場合もあるが、不安と相乗的に出現することもある。いずれにしても、医療機関との連携があったほうがよい。

第8章 スポーツカウンセリングのケース

　これまでの章で学んできたことをどのように活かすのかについて、いくつかのケースを例に出して、具体的に考えてみよう。これらのケースは、筆者がこれまでに経験してきた多くのケースを参考にしているが、実在するケースを示したものではなく、さまざまなケースのエッセンスを取り入れたすべて架空の症例である。一方で、アスリートのカウンセリングを行うと、同じような背景をもったケースに出会うことがしばしばある。したがって、読者の方々がどこか自分の関わっている症例、時には「あれ、自分自身に似ているな」と思う面があるかもしれない。

　各ケースにおいては最初に「クライエントの背景」「主な訴え」「これまでの経過」「カウンセリングの流れ」を示し、その後それについて解説している。ケースを呈示する場合、カウンセリングの流れで面接における会話やそれぞれの時点でのクライエントを取り巻く状況について詳細に記載する場合が多いが、本書はケースを主体とした解説書ではないので詳細な記述はせず、むしろ類似したケースのエッセンスを盛り込むようにし、そこにある問題のメカニズムについての流れを記述し、その後の「解説」で解決の方向について考えるようにした。

ケース 1

新人にある問題

クライエントの背景

18歳の女子個人競技選手。大学の部活動に所属している。出身地は、大きな都市からは離れている。両親と、妹、父親の母が同居する5人家族で高校卒業までは自宅で家族と暮らしていた。

主な訴え

眠れない。部活動に出るのがつらい。部の同期とうまくいかない。

これまでの経過

中学時代は、競技力はあるほうではあったが、地域の大会での上位などでさほど目立った成績はない。もともと、勉強もできたので、地元の進学校に入った。高校になってからも競技を続けた。高校に入ってから、競技成績が伸び、県代表となった。しかしながら、在住する県の競技レベルはさほど高いわけではなく、全国大会では上位に入ることは困難であった。クラブの中では指導力のある性格でもあり、上級生になると部長になった。部活動は3年生まで続けて秋に引退する。その後、受験勉強をして大学に合格した。

入学した大学は、実家からは離れているため、大学の近くにアパートを借りて住むことになった。親元から離れて一人暮らしをする経験は初めてであり、心細かったが大学への期待もあり、頑張ろうと考えた。入学と同時に大学の部活動にも参加した。この大学は、この競技のレベルは高くスポーツ推薦の学生などが多くいた。しかし、自分も一生懸命やろうと考え前向きな気持ちで入部した。しかし、上記の問題が生じて1年生の5月に自らカウンセリングに訪れた。

カウンセリングの流れ

非常にまじめな性格で、ハキハキと答える。しかし、競技に関しての話では自分自身に自信がないという。また、周りからあまり相手にされていない気がするという。話を聞いているうちに、涙を流す。初回では、本人の大学入学までの生活史について詳しく聞いた。また、大学生活の意味についても、競技以外のさまざまな側面について話をした。また、1週間に1度、40

分くらいの面接をすることにした。2回目の面接以降では、部活やその他の大学生活について引き続き話を聞いた。大学では、大きな教室で今まで見たことないほどたくさんの人が授業を受けていたなど。競技についても、自分自身の部の中の位置や、先輩や同級生との関係などについて、落ち着いて話ができた。また、一人暮らしに慣れなかったことなどを話した。3回目以降では、部活でも明るく振る舞えたように思うと言い、自分と同様に1年生の時にさほど競技レベルが高くなかった4年生の先輩が声をかけてくれ、嬉しく励みになったと言う。また、部活以外の友達もできて、話をするようになってきた。初回から2ヵ月くらいたったところで、夏休みに入り、合宿期間を経て夏休み後にまた会うことにした。

夏休み明けでは、合宿が厳しかったという話をしていたが、表情は生き生きとしていた。大学生になったなという気持ちになれたという。実家にも短期間帰った。実家では、家族が暖かく迎えてくれてとても嬉しかったという。特に大きな問題も現場で見られないので、今後問題があればいつでも連絡をしてよいと話して、終了とした。

◆解説

アスリートは多くの場合、思春期、青年期にある。この時期は、自分の中では大人にならなくてはいけないと思いながら、十分に自立しているわけではないという過渡期にあり、心はさまざまに揺れる。実際、さまざまな心の問題がよく見られる年代の一つである。別のケースでも自己同一性の問題を取り上げるが、多かれ少なかれ、この時期には自己同一性の問題が関連する。

地方から都市部の大学に入学する学生は、さまざまな大きなギャップを一度に経験する。一人暮らし、高校とは違った大学の生活、都会の環境、高校で最高学年だったのが新入生になる。そして、運動部の活動では、競技力の高い同期や先輩の間に入ってのトレーニングが始まる。そんな時には、過剰に周りから自分がどう見られているのかが気になる。

本ケースは、実家では父親の母（おばあちゃん）を含む5人家族で、楽しく暮らしていたのが、一気に一人暮らしになり、家に帰っても暗い部屋で一人で電気をつける生活になった。独身者の一人暮らしが気楽でよいと思えるまでには、少し時間がかかるであろう。そのような時期には、しばらく伴走

してくれる人も必要である。高校の先輩が大学にいたり、自宅が比較的近い場合には、そのようなサポート体制が元々あるようなものと考えることができる。また、パーソナリティも関連する。友達が早くできれば、安定することもあろう。また、同じような境遇の学生と話が偶然あえば、安心感も生じる。

　本ケースに示したように、非常にまじめで、これまでリーダーシップをとってきた人などが、このような状況に陥る場合がある。こういったケースは、本人の生い立ちについて十分に話を聞くだけでも、自分がどういう状態にいるのかわかってもらっているという安心感を与え、また自分自身でも今自分がどのような立ち位置にいるのかを整理することができることが多い。安心した足場が得られれば、自分自身で解決策を見つけられるようになることも多い。

ケース 2
指導者、チームメートとの軋轢

クライエントの背景
　27歳の男子団体競技選手。実業団チームに所属し、競技生活をしている。実家には、両親と姉2人がいるが、現在は寮に入って生活している。また、ガールフレンドがいて、ガールフレンドとは時々会い仲良くやっているし、大きな問題はないという。

主な訴え
　監督との対立。自分の考えだけで練習メニューをつくる。集合にも遅れて来る。

これまでの経過
　高校時代に良い成績を残し、スポーツ推薦で体育系大学に入学。大学時代も、良い成績で実業団チームに入った。入団当初は、新人選手として競技力を評価されていた。しかしながら、監督が変わってから指導方針が合わないと感じ始めた。高い競技力を持っているという自信は自分自身としてもあり、練習法については、自分なりの信念がある。そういった話を監督ともす

るが、監督はトップダウンで自分の考えに従わせるタイプの人で、まったく聞く耳を持っていない。他の選手も、この点については同意するが、表面的に反発することはなく、練習に従っている。また、この監督の練習法もすべての面で悪いとも思っていない。

一方で、この選手は最初自分の練習に対する考え方を監督と話し合おうとしたが、監督からは頭ごなしに否定され、それ以降は話し合おうという姿勢はなくなってしまった。あまり摩擦のないように振る舞おうともしているが、同じチームなので接触しないわけにはいかない。そういった中で、監督に言われたちょっとした注意にこの選手は大きな反発を抱き、暴力沙汰にはならなかったが監督との対立が表面化してしまった。その後、監督はこの選手を試合に出場させなくなってしまった。

部の管理者である部長がこれに驚いて介入したが、どちらを立てるわけにもいかず良い対処法が見当たらなかった。そのような中で、本人にも、自分自身で練習メニューを立てて練習をする、集合には遅れて来るなどの問題行動が見られた。さまざまな説得にもかかわらず改善が見られないため、部長から筆者のもとへ紹介された。

カウンセリングの流れ

最初のカウンセリングで部長も一緒にやって来たが、最初はクライエントだけを部屋に通して、まず初めにクライエントから話を聞くようにした。最初、クライエントはこういう場に連れて来られたのは心外だというような態度であったが、カウンセラーが受容的に話を聞いたために、次第にこれまでの話をするようになった。中学高校時代から、この競技だけをやってきた。必ずいつかは日本一になりたいと思っていたが、いつももう少しのところで負けてしまう。自分自身は、メンタルが弱いんじゃないかと思うという。以前の監督は、自分の考えをよく聞いてくれたので、練習でもやる気が出たが、今の監督はメチャクチャ。全然話を聞いてもらえず、ただ自分の言いたいことを言うだけだという。

その後、部長を含むチームの関係者に入ってもらい、本人も同席して話を聞く。関係者はやや話しにくそうだが、客観的にチームの中での出来事について話をする。その後、部長だけ残って話を聞いた。部長は、必ずしもクライエントに対して批判的ではなく、こういうことはしばしばあると言う。クライエントは、監督のちょっとした批判に対して、過剰に反応しすぎる面が

あるように思えると言う。また、チームとしての成績は悪くはないので、監督を変える理由はあまりないと言う。クライエントは、競技力はある良い選手なので、何とかチームに戻れないかと考えていると話した。再びクライエントにも入室してもらい、部長がしっかり考えてくれていることを告げる。すると、クライエントも部長には以前からお世話になっている。自分のことをよく考えてくれる。だから本日もやって来たと話した。

面接の2回目以降では、本人だけが来ることも部長と一緒に来ることもあった。監督とは一度も会うことはなかった。ある時に、同じチームのメンバーが監督とぶつかることがあった。それについて、クライエントはチームのメンバーのことを、「あの時は、もう少し考えて行動すればそのまま済んだことなので、ちょっと考えが足りない面もあったのではないか」と話した。また別の機会に、将来の方向性について話を聞いてみたところ、「自分は、将来指導者になりたいと考えている」と話していた。その時に、「現在の指導者とどのようにうまくやるのかというのも、自分が指導者になった時の将来の1つの課題になるのではないか」と提案すると、しばらく黙った後、「そうですね」と答えた。競技力向上という意味では、監督の言うことがすべて誤っているわけではない。ただ、選手への対応の仕方が問題で、それは他の選手との関係を見てもわかると本人は話した。

それを機会に、次第に本人はチームに溶け込むようになった。部長も、「良くなっている」と言った。また、試合にも時には出るようになった。監督とクライエントは、非常に良い関係とは言えないが、お互いにある程度の距離を取れるようになり、また他のチームメンバーとも大きな問題はない。

[◆解説]

このケースでは、クライエントも、部長も、監督もそれぞれこの競技の中では優秀な人材である。一流アスリートは、自分自身の信念を持って競技を行っており、競技そのものが自分の中で唯一無二のものであると考えている。この考えは、どの一流アスリートにも当てはまると言ってもよいかもしれない。しかし、多くの場合は現実的な適応をしながら、チームワークを行っている。ところが、このバランスが崩れることがある。1つは、世代ギャップで、年をとった指導者の世代の指導法に若い世代がついていけないということ。また、指導者があまりに支配的で、柔軟性がない場合。さらには、

アスリートの問題として、アスリートが自己愛性パーソナリティ傾向（p.58参照）があり、自分自身に対する批判に過剰に反応してしまう場合などである。このケースは、アスリート自身の自己愛的性格の問題もあったのではないかと思われる。しかしながら、このアスリートは競技を離れての生活は、決して破綻してはおらず、ガールフレンドとの関係も問題はない。したがって、この性格も病的とは言えず、受容的に接しながらこの問題の中でポジティブな方向性を本人の中から見い出せるようになり、歯車がうまく回りだしたというケースと考えられた。

©Comstock/Getty Images

ケース 3

自己同一性とスポーツ（誰のために競技をやっているのか）

クライエントの背景
　23歳の男子個人競技選手。現在本人はプロ選手を目指して、実業団クラブに所属して競技を行っている。両親と姉という4人家族で東京近郊で出生。姉は一般企業に就職し、スポーツは趣味程度である。両親は、競技継続に非常に協力的であり、また期待も強く持っている。

主な訴え
　競技に打ち込もうと思うが、腹痛、吐き気などがあり競技に打ち込めない。内科などで診てもらっても異常がなく、心理的なものではないかと言われる。

これまでの経過

　このクライエントの行っている競技は、トップレベルになるためには幼少の頃からエリート教育を受けるという場合がほとんどである。この競技者も、自分から競技を始めたわけではない。しかし競技は好きで、小中学校のうちは試合に出ると相手を負かせるし、そのことでみんなが喜んでくれるので、それが楽しくてやっていた。中学、高校でも学校のクラブ活動でなく地域のクラブに所属し、良い競技成績をあげていた。その後、スポーツ推薦で体育系大学に入り、大学でも良い成績を残している。

　大学卒業後、両親にも強く勧められ、自宅から離れたクラブに所属し、さらにトレーニングを積みながらプロを目指すこととなった。寮に入ってトレーニングをし、一部クラブの仕事なども行う生活であった。大学時代は、自分自身は実力を発揮できていたが、新しいクラブでは周りも同じような実力を持っており、競技を通じて思うように自分自身を表現できずにいた。新しい生活が始まって2ヵ月くらいたってから、腹痛などの症状があって練習に参加できないことがあり、次第にその回数が増えた。また、時に吐き気なども出現する。近くの内科医を受診して検査をしてもらうが、特に異常なしと言われる。自分でも頑張って、練習に出てみるがやはり吐き気などがあり、身を入れて練習できない。やむをえず、1週間ほどの休暇をとって自宅に戻る。自宅に戻ると、症状は治まったが、やる気は出ず自宅でぶらぶらした生活をしていた。心配した両親がいろいろな情報を探して、筆者のもとにやって来た。

カウンセリングの流れ

　初回、症状やその原因と思われることなどについていろいろな話を聞くが、本人は特別これということは思いつかないという。競技へのやる気はあるし、うまくなりたいので練習ももっとしたい。しかし、症状があってできないという。やや、抑うつ的でもあり、一度自宅に長期戻ってみてはどうかと話したところ、そうしてみるという。自宅に戻ると症状は軽快した。自宅では、本を読んだりして過ごすことが多かったと言う。その中で、読んでいる本の話などもするが、外国の文化などに興味を持っているようであった。1ヵ月ほどで症状が改善したので、また寮に戻った。時に同様の症状もあったが、練習を続けた。その中で、競技以外の話もいろいろとし、何度か自宅に戻るなどのエピソードはあったが、次第に競技力は上がり、その甲斐あっ

て、プロ選手としてのデビューは果たした。その後カウンセリングには来なくなった。

その後2年ほどして、カウンセリングに再び訪れた。自分としては、プロ選手としてやってきたが本当にこれがやりたいことなのか、ずっと悩んでいた。大学でも、他の友人がいろいろな会社に就職し、それぞれの道を歩んでいるのを見て、そういう生活のほうが自分に合っているのではないかと思う気持ちはあった。一方で、両親はこの競技を続けることを望んでおり、プロとして活躍してほしいと思っている。自分はこの競技が好きだし、それなりのレベルまではいったが、トップのプロ選手になるのは自分には厳しすぎると思う。また、そういう執念をもって続けることもできなかった。自分は、今はそれでよいと思っている。幸い、大学で勉強したので、もう少し単位をとれば教員資格も得られる。これまでの経験を活かしながら、教師になるか企業に勤めるかしたい。また、結婚したい相手もいるので、結婚をして楽しい家庭がつくれるとよいと思う、と話した。

[·· ◆解説 ··]

エリクソンの言う自己同一性（アイデンティティ）の概念についてはすでに説明した（第3章）が、ここでは簡単に言い換えて「自分自身が自分で考えて自分で物事を決定しそれによって日々行動していると、不安なく思える状態」と考えよう。こういう状態であれば、自分で失敗したことは自分の責任でそれを修正し、自分で勝ち取ったものはやはり自分の努力の成果だと喜べる。また、日々の葛藤もやりがいのあるものである。

しかし、トップレベルのアスリートになるためには、自分でそういった選択ができる年齢になる以前からトップアスリートを目指してトレーニングを積まなくてはならないことも多い。「物心ついた頃からすでにボールやラケットを触っていた」などという話はよく聞く。したがって、このスポーツをやり始めたのは自分の意志ではないということになる。しかし一方で、一般に成長のプロセスで得るものは、育った家庭の雰囲気や両親が何が好きだったとか、どんな学校に行ったかなどさまざまなものから影響を受け、自分で純粋に決めたものなどは、実際はあまりないというのも事実である。

自己同一性の獲得は、そういった他からの影響も含めて自分の中でそれらを消化し、自分のものにしっかりとなったのだと思えるようになるプロセス

とも考えられる。このプロセスがうまくいかず、安定して競技に打ち込めなくなるケースがある。

このようなケースに出会った場合にも、まずは競技への集中ができるようにカウンセリングを行っていくことが多い。両親やさまざまな状況が自己同一性の獲得を妨げている場合には、慎重に介入することもありうる。このような介入は、こうするのが絶対に良いというものはない。たまたま、指導者のことを知っていて、こういった介入に理解があったりすることもある。また介入がうまくいくと、競技に集中でき競技成績が上がれば、周りの協力を得ながらも、自分で勝ち取ったと思えるようになることもある。ただ、カウンセリングにまでやって来るケースはもっと根が深いことも多く、最終的には競技よりも本人がどうなるのが一番幸せなのかを、一緒に考えることになることもある。

ケース 4
生活環境が大きく関与するケース

クライエントの背景
20歳。女子球技系団体種目の大学部活動の選手。小中高等学校とこの競技を続けており、大学に入ってもこの競技を続けた。競技レベルは、大学1部リーグに所属する。チームは、優勝を目指して練習をしている。両親、兄と弟の5人家族で、家庭内の問題はまったくない。

主な訴え
練習に対する意欲が出ない。疲れやすい。近くの内科医院を受診するが、特に問題はないと言われた。監督から、オーバートレーニングではないかと言われた。

これまでの経過
小学校の時からこの競技をやっており、チームの中でも目立っていた。中学高校は、私立の一貫校だったが競技は近くのクラブで続けた。クラブは家から近く、時に夜までの練習はあったが、さほど遅くなることはなかった。大学への受験勉強もし、大学に合格後もこの競技を続けた。大学へは、自宅

から通った。1年生の半ばくらいから、疲れやすい傾向が出たが、何とか競技は続けていた。2年生になり、疲れやすい傾向が強くなりそれまで楽しかった競技に対しても、意欲を失ってしまったように見えた。監督は、この選手に期待もしており、身体的な検査でも異常がなかったため、紹介された。

カウンセリングの流れ

初回、覇気のない疲れた印象を受けた。クラブのことについて聞くと、それについては非常に協力的で、一般的な学年間の人間関係の問題などについての話はするが、特に自分がその中で困っていることはないということであった。競技の練習についても聞くが、特に問題となるほどの高強度トレーニングをしているようではなかった。

一般的な、大学生活について聞いてみると、授業が大変だということを話していた。詳細に聞いてみると、現在自宅から通っているが、大学まで2時間半かかるので、1限目の講義に間に合うためには、朝5時に起きて6時には家を出る。体育系の学部なので、実技の講義もあり、水泳などをすると疲れてしまうと言う。その後、講義を終えてから練習場まで行くが、練習場はキャンパスから離れているので移動に時間がかかる。練習そのものは、自分としては大変だとは思わないが、練習が終わって後片付けまですると午後10時頃になる。それから自宅に戻ると夜中の12時を過ぎることになる。家に帰ってから、食事をしてお風呂に入り、時にレポートなどがあると眠るのが午前2時頃になることもある。朝5時には起きなくてはならないので頑張って午前1時には寝るようにしても4時間しか眠れず、つらいと言う。土日は、試合がありゆっくり眠ることはあまりできない。

明らかに睡眠時間が足りず、過労のケースであったので、しばらくはクラブを休んで、すぐに自宅に帰り睡眠時間を確保するように話したところ、1ヵ月くらいで非常に回復した。その後、家族と相談をして大学近くの寮に入ることを考えた。

[┄┄┄┄┄┄┄┄┄┄┄┄┄┄┄┄┄┄┄◆解説┄┄┄┄┄┄┄┄┄┄┄┄┄┄┄┄┄┄┄]

カウンセリングに来るケースは、必ずしも純粋に心理的な問題を抱えているとは限らない。心理学的な問題ばかりに気を取られると、肝心な問題を見逃してしまうことがある。このケースは心理的な問題というよりも、睡眠時間の問題であった。睡眠時間が不十分であることによって、意欲が減退した

り一見うつ状態に見えるケースを筆者は何例か経験している。

　カウンセリングを行う場合、その人がいったいどのような生活をしているのかが、実感できるような形で詳細に生活状況を聞くことはよくある。たとえば、何時に起きて家を出るまでに何をするのか。家を出た後、どのような交通手段で学校あるいは会社まで行くのか。その交通手段は、混んでいるのかすいているのか。その後の、昼間の生活についても詳細に聞く。これによって、さまざまな情報が得られる。このケースに見られるような睡眠時間の問題以外にも、スポーツ以外の場面での心理的な問題が実は存在することがわかることもある。スポーツクリニックというような名前を付けると、クライエントは時にスポーツのこと以外は話してはいけないように思うこともあるので、生活状況などについて話を聞きながら、まずはその人全体についてのイメージを把握することは重要である。

©Comstock/Getty Images

ケース 5
競技をやめて新しい道を考えるということ

クライエントの背景
　25歳の女子球技系団体競技選手。実業団に所属している。家族は、父母と弟がおり、両親ともに競技に対しては非常に好意的にサポートしてくれる。弟は、競技者ではなく、すでに地元で就職をしている。

主な訴え
　競技に対して意欲がわかない。競技を続けられない。

これまでの経過

　競技は、小学校高学年から始め、中学生の時に非常に強いチームに入った。中学校の時には全国大会に出た。高校は国内留学し、寮生活となった。高校時代は、競技一辺倒の生活。勉強はあまりしなかった。高校時代にも競技成績が良かったため、スポーツ推薦で大学に入学した。チームは1部リーグに所属していた。

　大学時代は競技にも専念したが、勉強もした。特に、体育の教師になれる教職課程は取っておいたほうがよいという指導者からのアドバイスがあり、教職は取るようにした。大学時代は、競技を頑張ったが残念ながら優勝することはできなかった。大学卒業後、実業団リーグに入った。

　実業団リーグでは、最初は出場の機会もあったが、2年ほどしたところで怪我をし、その後出場機会に恵まれなくなってしまった。それでも、何とかもう一度試合に出たいと思って頑張ったが、一段レベルの低いサブチームの試合などに出場することはできても、トップチームでプレーをする機会はなかった。そんな中で、再び怪我をした。

　怪我の治療もあり、実家に戻ったが意欲が出ない。家族は、自分を励ましてくれているし、自分がやる気をなくしているところは見せられないので、明るく振る舞うようにしていた。しかし、次第に意欲が減退し、明るい希望が持てない、眠れないなどの状態になり、筆者のもとへやって来た。

カウンセリングの流れ

　話を聞いてみると、自分自身は暗闇のどん底にいるような気持ちであると言う。家族は暖かく見守ってくれているのに、自分が頑張れないのは非常に不甲斐ない。そんな姿を見せたくないと言う。まずは、定期的に通ってみたらどうかということと、良い道が見つかるように一緒に考えましょうということを話して、支持的に接した。

　2回目以降もきちんと通ってきた。自分自身は、子どもの頃からずっとこれまで競技だけをやってきたので、競技を続けないとしたら、これからどうしたらよいのかわからないと言う。両親は、元気になればまた復帰すると思っているので、家にいてもつらい。これについて筆者は、両親は子どもには幸せになってもらいたいと思っているので、それは競技を続けることが幸せだと思っているだけで、もしそうでない気持ちがあるのであれば、そう話せばわかってくれるのではないかと話した。

次の回では、両親に話をしたところ、そういうことであれば早く相談してくれたらよかったのにと言われたと言う。両親に話をして、非常に気持ちがすっきりした。両親が、競技のことだけを考えているわけではないことは、自分でもわかっていたとは思う。しかし、これまで応援してくれたことを考えると、今のような悩みを聞いてがっかりするのではないかと思ったが、両親は自分たちも競技をやっていたわけではないし、よくここまで頑張ったのでそれでよいと言われたと言う。そのことで、少し先のことが考えられるような気はしたと話した。

　その後、自分は大学時代に部活を一生懸命やっていたが、部活以外の人と接する時間も楽しかった。中学高校時代に、指導をしてくれた先生のような仕事ができないかと思っているということに話題が移っていった。幸い、自分は教員免許を持っているので、これまでの競技歴を生かして、体育教員になろうかと思うと言う。良い考えだと思うと話す。「自分からこれからのことを決めていけそうですね」と筆者が話すと、「少しそういう気持ちになってきた」と言った。

[…………………………………◆解説……………………………………]

　多くの競技者は若いながらも、中学生、時にはもっと若い時期から非常に多くの生活の時間を競技に費やしてきている。競技が、人生そのものであると言ってもよい。しかし一方で、競技をやって一生を送れる人は、ほんの一握りである。したがって、多くの人が途中で競技を引退し、新しい道を考えることになる。プロ選手を目指しながらも、それを成就できず、次の仕事へ移行していくことは、最近プロスポーツの世界でもキャリアトランジションと呼ばれ、大切な問題であると考えられている。しかしながら、競技を続けながら、「そろそろキャリアトランジションについて考えないといけないなあ…」というようなふうに思いをめぐらすものではない。アスリートは最後の一瞬まで、競技者としての努力をし、そしてそれがうまくいかないと大きな挫折感を味わう。これまで支えてきてくれた人たちに対しても、申し訳ないと思う。

　このようにキャリアトランジションには、多くの痛みを伴うが、それを適切にサポートすることで、クライエントが自分の中でも充実感を持ち、ポジティブに自分の過去と未来を考えられるようになる。このようなサポートは

スポーツカウンセリングにおいて、重要な役割の一つであると考える。

このケースの場合には大学での生活が将来を考える一つの鍵となった。教員免許を持っていたこともそうであるが、さまざまな方向に進んでいく友人を知っていたのも大きい。プロスポーツの世界では、高等学校卒業後すぐにプロ入りする人も多くいる。そのまま、一生一流のプロとしてやっていける場合はよいが、そうでない場合には幅のある考え方を持っているかどうかが、キャリアトランジションの一つの鍵となる。

ケース 6

女子選手の摂食の問題

クライエントの背景

19歳の女子持久系個人種目選手。3人姉妹の長女で、両親を含めて5人家族。両親はどちらかというと厳しいタイプで、長女のクライエントは小さい頃から厳しくしつけられ、また周りからもしっかりしたお姉さんとの評判であった。

主な訴え

時に、メチャクチャにたくさん食べてしまい、嘔吐する。食べるということが頭にこびりついて、どのように食事をとってよいのかわからない。

これまでの経過

中学から競技を始め、高校では県レベルの競技会に出場していた。高校生時代には、食事の問題はなかったという。しかしながら、持久系種目であり体脂肪率は低く、また生理も不順ではあった。自分にノルマを課して、それを確実に練習するタイプであった。大学へは受験勉強をして入学。高校3年生の秋まで部活動をし、その後猛烈に受験勉強をして合格した。

大学に入学後は、大学近くにてアパート暮らしとなり部活動に参加した。部の中では、中堅選手という位置であるが、しっかりとした性格であり部のメンバーとは仲良くやっていた。また、非常によく努力をするので、指導者からも好感を持たれている。

大学2年生の時に、落ち込みがちになり、練習にも身が入らない様子が見

られた。元来、しっかりした性格で練習も一生懸命していたので、トレーナーが心配して話を聞いたところ、泣き出してしまった。そのことがあり、トレーナーから連絡をもらって面接することとなった。

カウンセリングの流れ

　面接に来る数ヵ月前に自分の体重が多少増えたことが気になり、そのことで食事を制限したところ体重は減少し、また競技成績も少しだけ向上したので以後、食事をコントロールするようにした。しばらくは、それでうまくいっていたのだが、夜間に食事をしたところ翌日体重が増えていた。これはいけないと思って、その日は食べないようにしていたところ、夜にまた我慢できずたくさん食べた。そんな日が続き、ある日たくさん食べたので、それを吐いた。吐けば食べても大丈夫と考えるようになり、食べたら吐くようになってしまった。それを繰り返しているうちに、食事のことが頭から離れなくなり、どのように食事をとるのがよいのかがわからなくなってしまった。また、イライラして練習にも集中できない。周りからもそのような様子がわかったのか、トレーナーに声をかけられたら、つらい思いが噴出して泣いてしまったという。初回のカウンセリングは、それまでの話を聞くだけで終わったが、家庭の様子などは比較的詳しく聞いた。また、カウンセリングの内容については、本人が許可しない限りはクリニックから外に出ることはないことを強く強調した（この事柄は、通常大学のクリニックの場でのカウンセリングでは、必ず初回クライエントに説明している）。

　2週間に一度くらいの割合で、カウンセリングに訪れた。また、このケースはメールでの連絡も可能とした。相変わらず「過食嘔吐」は続いているが、カウンセラーがそのことを知っているので、少し心強いと話している。カウンセリングの場面では、過食嘔吐をどのようにして治すのかの話はほとんどしなかった。主には、中学高校時代の話や、自宅での生活などで、そのことについて熱心に話をする。非常に立派にやっているということを、本人にフィードバックするように支持的に接した。相変わらず、過食嘔吐は続いていたが、その回数は減ってきたという。また、過食嘔吐の話を率直にできるようになってきた。回数も、正直に報告する。時に、過食嘔吐して落ち込んだことをメールで連絡してくることもあるが、さほど頻繁ではない。そういう時には、基本的には、いきなり完全に良くなるのは難しいからという支持的内容を時にユーモアを交えて返した。半年くらい経ったところで、完璧

にできなくても、それはそれでしょうがないという感じがわかってきたということを本人が話すようになった。食事に対して、こだわる気持ちはあるが、嘔吐はほとんどないという。

その後、時に状態が悪くなることもあったが、決められた時間にはきちんとやって来た。1年過ぎた頃には、状態が安定してきたので本人とも話をして、頻度を減らし、その後、終結した。

[.................◆解説.................]

摂食障害は、一般には治療の難しい疾患である。第4章の精神医学の章でも述べたが、これまでに、アスリート（すべて女性）にみられる摂食障害のケースに多く接してきて思うのは、一般的にいってアスリートの摂食障害は、治療によって比較的よく回復するケースが多いようだということである。もちろん、治療が難しいという点で重症のケースもあり、簡単に考えることはできないが、一般に精神科や心療内科の外来で接する摂食障害のケースと異なった面があるような印象を持っている。いずれにしても重症の摂食障害は、必ず専門家によって治療されるべきである。

アスリートにみられる摂食障害の場合、一部の非常に体重が関連する競技では、競技シーズン中のみ自己誘発嘔吐などの「病的」な行動を示すということがあり、これが健康的な状況であるとは考えられないが、一方でカウンセリングという側面からどこまで関わるのかは難しいところでもある。このような場合そういった摂食行動の問題はオフシーズンには解消することが多く、選手自身がカウンセラーに関わられることを好まないこともある。

例に挙げたケースはそういう意味では、治療的に関わる意味のあるケースである。こういったケースは一概にはいえないが、家族との関係で自分の本音を家族に出しにくいという側面があることがある。誰にでも、自分が不完全でしっかりしていない面があるのはいわば当たり前のことであるが、そういう面を家族に見せられない、また同時にそういう自分が許せないという気持ちが強い。そういうことは、親は実は受け入れてくれるのだが、本人にはそう思えないことも多い。実際は、親が最終的には受け入れるものだが、そういう弱音を言いにくい雰囲気をつくっているという面もあるかもしれない。フロイトのモデルから言えば、強い超自我と言ってもよい。このケースでは、カウンセラーがクライエント本来の姿を受け入れる場をつくるように

している。また、時には親子面接をすると良い場合もある。

ケース 7
性同一性障害のケース

クライエントの背景
　19歳の女子団体競技選手。家族は、両親と兄。幼少の時から、あまり女の子らしい格好は好まず、男の子と間違えられることもあった。小学校時代から、男の子に混じってこの競技を行っていた。
主な訴え
　自分が女性であることに違和感がある。
これまでの経過
　中学時代から、自分が女性であることについて違和感を感じていたが、さほど生活上大きな問題を感じるというほどではなかった。友人が恋愛などの話をしていたが、何となく自分とは違うなと思っていた。高校になり、女子が一緒に着替えたりするときにドキドキする気持ちがあった。また他の女子の友人の胸のふくらみなどを見て、ドキドキすることがあった。
　大学に入って、競技を続け女子チームに所属したが、同様のことがあり合宿などで一緒に風呂に入ったり、一緒の部屋に泊まったりすることがだんだん耐え難い気持ちになった。チームメートが特に悪気もないのだろうが自分の布団の横にいたりすると、眠れない。相談できるところがあると知ったので、相談したいと思いやって来た。
カウンセリングの流れ
　初回の面接時、性同一性障害という名前は知っていたがその本質的な意味はあまり知らないようであった。話を聞くと、自分が女性として扱われることに非常に違和感があり、さらに女性を異性として感じているようであった。明らかに性同一性障害であろうと思われたので、最初に、これはそれぞれの人の特徴であって、病気ではない。これがひどくなって頭がおかしくなったり異常な行動をすることもない。ただ、社会の中ではこういった状態にある人への理解はまだ十分でない面があるので、苦労することが多いだろう

と話した。クライエントは、まずは自分がどういう状態にあるのかがわかって安心したと語った。特に、通って治療しなくてはいけないことは何もないが、合宿やさまざまなことで苦労することが出てくるかもしれないので、もし私が手伝えることがあったら、いつでも連絡してくれれば手伝えると伝えた。その後は、メールのやり取りを少しするだけであったが、自分でも調べ、他にもそういう人がいることもわかったので、ひとまずは安心したと連絡があった。

[◆解説]

　性同一性障害は、すでにさまざまなメディアで取り上げられているので、この状態についての知識はかなり普及していると思われる。第4章の精神医学の章でも概説したが、スポーツカウンセリングに関わっていると、少なからずこのことが問題になるので、ケースとして例示した。

　私が仕事をしている早稲田大学のフェンシング部員であった杉山文野氏は、自ら性同一性障害であることを告白（カミングアウト）し、『ダブルハッピネス』（講談社）という著書を書いている。この著書を読むと、性同一性障害を持った人たちの社会での生活の悩みが非常によくわかる。この状態（疾患とは言えない）の原因はよくわかっていない。以前は、生育史の中で自分の性を受け入れられないような心的トラウマ（心の傷）などがあると、そういう状態になると考えられたこともあったが、多くのケースを見ているとそのような例はほぼない。以前は、このような状況が社会の中で受け入れられにくかったので、自分自身の中で隠し通してきた人たちが多かったと思うが、現代の日本社会では価値観の多様化とともに、個人の権利も強くなり次第に社会の中でこういった少数派（マイノリティ）の人たちの権利も保障されるようになってきている。

　スポーツ界においても、この問題はすでに大きく取り上げられており、国際オリンピック委員会では、性別適合手術を受けるほか、法的に別の性として登録され、ホルモン療法を続けているなどの条件を満たせば、自分の望む性別でオリンピックに参加できるとし、この規約は2004年のアテネ大会から適用されている。しかしながら、こういった国際社会での動きは必ずしもスポーツ界の隅々にまで浸透しているとはいえない。こういったケースに出会った場合には、上記のような選手の権利も含めてのサポートをしてあげら

れると、選手は自分の今後のことについて幅広く考えることができるようになるであろう。

第9章 スポーツカウンセリングを行う人の資格

　カウンセリングに関わる法的な資格は、現在日本にはない*。したがって、法的には誰がカウンセリングを行っても問題はない。しかしながら、ある一定レベルのカウンセリングのテクニックを持っているということの証明は、責任をもってカウンセリングを行ううえでは必要であろう。

　そういった意味で、最も広く認められている資格は、**臨床心理士**の資格である。これは、文部科学省認可の民間認定団体である財団法人日本臨床心理士資格認定協会による資格である。カリキュラムをしっかりと整えた大学院修士課程を指定し、指定大学院を卒業した者を受験対象としている。卒業者は、スクールカウンセラーや病院の心理職などとして仕事をしている。日本において、専門的職業として心理臨床に関わるのであれば、この資格は非常に重要なものであろう。

　スポーツの分野では、日本スポーツ心理学会が、**スポーツメンタルトレーニング指導士**および**指導士補**の資格を認定している。この資格は、必ずしも「カウンセリング」の資格ではないが、近い分野である。さらに、スポーツメンタルトレーニング指導士となるには、実務経験とともに学会への出席発表、論文発表などの学術的業績も求められており、この資格を持っていることが、アスリートのメンタルの問題に関わる一定レベルの知識や経験を持っていることの証明ともなるであろう。そのほかのメンタルトレーニングの資格としては、メンタルトレーニング・応用スポーツ心理学研究会の資格がある。

　スポーツカウンセラーとしての認定資格では、日本臨床心理身体運動学会

*医療目的での精神療法を行うには医師の資格が必要である

の**認定スポーツカウンセラー資格**がある。この資格は、アスリートとしての活動実績を重要視しており、自己の経験も通じてアスリートの心理的問題に関わることが重要視されている資格である。そういった意味では、より実践的な要素が重要視されている資格と考えても良いであろう。3級から1級までであるが、上級ではカウンセリングについての十分な経験を持った指導者からの指導（スーパーヴィジョン）を受けることも必須で、より高度な専門性が要求される。

そのほかに、海外の資格もあるが、必ずしも日本において、普及しているとはいえない。

スポーツ指導者としての資格は、日本体育協会から認定されている、スポーツドクター、アスレティックトレーナー、スポーツリーダーなどの資格があるが、カウンセリングに関連したカリキュラムが非常に充実しているわけではない。こういった資格の人たちがスポーツカウンセリングを頻繁に行うのであれば、きちんとした教育を受けたうえで、行ったほうがよいであろう。一般に、他方で専門的な仕事を行っていると、カウンセリングにおいても専門的である錯覚を起こしやすいが、やはりカウンセリングには固有の知識や経験を十分に持ったうえで臨む必要がある。

表9.1に、現在の日本における関連した資格をまとめた。

表 9.1　スポーツカウンセリングに関する国内の資格

資格名	制度母体	ホームページ
臨床心理士	(財)日本臨床心理士資格認定協会	http://www.fjcbcp.or.jp/
スポーツメンタルトレーニング指導士	日本スポーツ心理学会	http://www.jssp.jp/
スポーツメンタルトレーニング指導士補		
認定スポーツカウンセラー3級	日本臨床心理身体運動学会	http://homepage3.nifty.com/rinsinsin/
認定スポーツカウンセラー2級		
認定スポーツカウンセラー1級		
メンタルトレーニングコーチ（準指導員）	メンタルトレーニング・応用スポーツ心理学研究会	http://www.mental-tr.com/mental/
スポーツメンタルトレーニング指導士補（正指導員）		
スポーツ心理学コンサルタント（プロ）		

(ホームページアドレスは、2011 年 2 月末日現在)

参考書

●スポーツカウンセリングに関する書籍は、驚くほど少ない。インターネットで検索してみても、この分野にあたると思える本は3冊のみであった。また、この分野の入門書は現在1冊もない。これが、私がこの本を書こうと思った理由である。これに対して、メンタルトレーニングの本は非常に多い。多いということは、玉石混交とも言える。メンタルトレーニングについては、日本スポーツ心理学会のスポーツメンタルトレーニング指導士の制度を参照され、それに沿って勉強されるのが一番よいであろう。

以下に、スポーツカウンセリングに関連した3冊の本について紹介する。

1. 「スポーツ少年のメンタルサポート―精神科医のカウンセリングノートから」永島正紀（著）、講談社、2002年

    著者の永島正紀先生は、日本において精神科医としてアスリートを診療してきた第一人者である。また、筆者のスポーツ精神医学の恩師でもある。永島先生を手伝って、2002年に日本スポーツ精神医学会という学会をつくった。この本は、永島先生の長い臨床経験の中から、さまざまな症例を取り上げて、考察を行っている。「精神科医」とされているが、必ずしも精神科臨床ばかりでなく、一般のスポーツカウンセリングに通じるケースも多く含まれている（出版社での在庫なし、増刷未定。電子書籍化予定）。

2. 「アスリートの心理臨床―スポーツカウンセリング」中込四郎（著）、道和書院、2004年

    著者の中込四郎先生は、スポーツカウンセリング研究の第一人者である。この本では、「スポーツカウンセリング」という言葉よりは、「臨床スポーツ心理学」という言葉を優先している。中込四郎先生はこれまで非常に多くのスポーツカウンセリングの経験を積まれており、多くの後進を育てている方である。スポーツカウンセリング（あるいは臨床スポーツ心理

学）を志すのであれば、ぜひ一読される必要がある。内容的にはかなり専門的な本であるが、初学者でも参考になる事柄が多くあると思われる。さまざまなケースを取り上げ、じっくりと検討している。このように一つ一つのケースについて、じっくりと検討する中でカウンセリングの技能は磨かれてくる。ある程度の経験を積んだカウンセラーであれば、先達がどのようにクライエントをみているのかの一端がわかる。

3. **「実践例から学ぶ競技力アップのスポーツカウンセリング」** マーク・B. アンダーセン（編）、辻 秀一・布施 努（訳）、大修館書店、2008 年

当初この著書の英語版の一部を筆者は自分で翻訳して、講義に用いていた。編者はオーストラリア人、著者の多くはアメリカ人である。原題は「Doing Sport Psychology（スポーツ心理学の実践）」であり、必ずしもスポーツカウンセリングだけの本ではない。しかし、多くのページをスポーツカウンセリングの実践的な内容に割いてあり、さらには実際の選手とスポーツ心理士の対話（あるいはカウンセリングといってもよい）が多く掲載されていて、実践的な意味で現場の様子がよくわかる。スポーツカウンセリングについて専門的に勉強する人であれば、読んでみることをすすめる。厚い本であるので、日本語に訳されて出版されたことは、この分野の人たちにとってはありがたいことだ。しかし一方で、カウンセリングの分野はこれまで述べてきたように、文化的な背景にも影響を受ける。この本は、欧米的な環境の中におけるカウンセリングについて述べているので、そのまま日本の環境に持ってくることが難しい側面もある。私も、この原本を翻訳して講義に用いている時に、多少の違和感を感じた面もあり、それを日本風に修正しながら読んでいくとよいと思う。

●**臨床心理学**に関連した本は、非常に多い。どれが一番良いということはないし、私自身も網羅的に臨床心理学の本を読んでいるわけではない。したがって、ここでは私がこれは非常に参考になったと思ったものや、執筆の参考にしたものなどからいくつかを取り上げたい。

1. **「カウンセリングの技法」** 國分康孝（著）、誠信書房、1979 年

2.「**カウンセリングの理論**」國分康孝（著）、誠信書房、1981 年
3.「**カウンセリングの原理**」國分康孝（著）、誠信書房、1996 年
　私は、國分康孝先生とは個人的な付き合いはない。しかし、このシリーズの本は、とても参考になった。非常に実践的で、実際の場面に沿った形でカウンセリングについて優しく述べている。「優しい」としたのは、簡単な内容を述べているのではなく、読む人にとってわかりやすいように考えて正直に、という意味である。臨床の場でカウンセリングを行い 25 年以上経った今でも、「ああ、こういうふうに考えていても良いんだな」などと思いながら読むこともある。「理論」や「原理」についても、権威主義的でなく非常に受け入れやすい。多分、國分先生の人柄が表われているのであろう。こういう文章を書けることが、クライエントとの良い関係をつくり、クライエントを良い方向に導くのだなと思わせるような本である。

　以下の本は、臨床心理学一般についての本である。それぞれ題名から内容を推測できると思う。それぞれの分野に興味があれば、一読されるとよい。

4.「**ベーシック現代心理学 8　臨床心理学**」坂野雄二・菅野純ほか著、有斐閣、1996 年
5.「**パーソナリティ形成の心理学**」青柳肇・杉山憲司（著）、福村出版、1996 年
6.「**ライフサイクルの臨床心理学**」馬場禮子・永井徹（編著）、培風館、1997 年
7.「**コメディカルのための専門基礎分野テキスト　臨床心理学**」名嘉幸一（編）、中外医学社、2006 年
8.「**よくわかる臨床心理学**（やわらかアカデミズム・わかるシリーズ）」下山晴彦（編）、ミネルヴァ書房、2009 年（改訂新版）

●精神医学の教科書も非常にたくさんあるが、1の大熊輝雄先生の本は、非常にオーソドックスな日本の精神医学の教科書である。また、2のカプランは、米国の標準的教科書の一つであり、本書でも取り上げたDSM-IVに沿っている。一般に医学書は高価であるが、3の「心の臨床家のための精神医学ハンドブック」も刊行されており、わかりやすく精神医学について説明されている。

1. 「現代臨床精神医学　改訂第11版」大熊輝雄（著）、金原出版、2008年
2. 「カプラン臨床精神医学テキスト　DSM-IV-TR診断基準の臨床への展開」ベンジャミン・J.サドックほか（編）、井上令一ほか（翻訳）、メディカルサイエンスインターナショナル、2004年（第2版）
3. 「心の臨床家のための精神医学ハンドブック」小比木啓吾ほか（編）、創元社、2004年（改訂新版）

索引

[欧文]

CES-D (center for epidemiologic studies depression scale) 72
DIPCA.3 (diagnostic inventory of psychological-competitive ability for athletes) 73
DIPS-B.1 (diagnostic inventory of psychological state before competition) 73
DIPS-D.2 (diagnostic inventory of psychological state during competition) 73
DSM (diagnostic and statistical manual of mental disorders) 47
ES（エス） 14
Female Athlete Triad 55
FTM (female to male) 57
HTPテスト 69
ICD-10 48
ICH（自我） 14
IQ 66
MMPI (Minnesota Multiphasic Personality inventory) 67
MPI (maudsley personality inventory) 67
MTF (male to female) 57
POMS (profile of mood scale) 71
SCT (sentence completion test) 70
SDS (self-rating depression scale) 72
STAI (state-trait anxiety inventory) 72
ÜBERICH（超自我） 14
WAIS (wechsler adult intelligence scale) 66
WISC (wechsler intelligence scale for children) 66
YG検査 67

《あ行》

アイゼンク, H. J. 23, 67
アイデンティティ→自己同一性
アスレティックトレーナー 5, 116
アナボリックステロイド 63
アルコール 58, 63
言い違い 13
医学的治療 2
育成 37
意識 14
痛み 52
一次疾病利得 52
遺伝 40
遺伝子 40
イド 14
医療機関への紹介 93
陰性症状（統合失調症の） 62
陰性転移 20
引退 39
ウェックスラー成人知能検査（WAIS；ウェイス） 66
ウェックスラー知能検査（WISC；ウィスク） 66
内田クレペリン検査 68
うつ病 3, 25, 59, 60, 94
エゴグラム 67
エス（ES） 14
エディプス・コンプレックス 35
エリクソン, E. H. 32
　──の8つの発達段階 32
遠城寺式・乳幼児分析的発達検査表 44
オーバートレーニング症候群 94
置き換え 17

《か・き》

快楽原則　14, 31
解離性健忘　53
解離性障害　53
解離性同一性障害　53
解離性遁走　53
カウンセリング　1
　　——の時間　75
　　——の問題の本質　77
　　——の資格　115
　　——の対象　9
　　——を行う場所　76
過換気症候群　50, 94
学童期　38
過食嘔吐　110
家族関係　86
家族図　86
カタルシス　11
葛藤　51
学校カウンセリング　6
環境因　40
間主観性　34
間主観的関係　34
感情の平板化　62
気分検査　65
気分障害　59
基本的な信頼　32
逆転移　20
キャリアトランジション　108
ギャング・エイジ　37
競技活動内外での人間関係　87
競技成績　80
競技力の向上　5
競技をやめて新しい道を考えるということ　106
強迫性パーソナリティ障害　59

《く・け》

クライエント（来談者）　3, 27
　　——の陳述　84
クライエント中心療法（Client-Centered Therapy）　27
経済状況　90
芸術療法　3
携帯電話の番号　79
系統的脱感作療法　23
けいれん　94
ケース検討会　79, 91
下剤や利尿剤の使用　54
幻覚　62
幻覚妄想状態　62, 94
言語理解指標（VCI）　66
現実原則　14
現実の自己　28
幻聴　62

《こ》

公私の区別　79
行動科学　23
行動主義　22
行動療法　3, 23
行動論　22
合理化　17, 18
国際オリンピック委員会　113
国際疾患分類（ICD-10）　48
心の育成　37
心のとらえ方　11
心の発達　31
心の問題　1

《さ・し》

最初に確認すべき事柄　83
作業検査　68
作業療法　3
産業カウンセリング　6

自我（ICH） 14
自我機能 38
自我障害 62
自己愛性パーソナリティ傾向 58, 101
自己愛性パーソナリティ障害 58
自己実現 26
自己同一性（アイデンティティ） 38, 103
　　──とスポーツ 101
自己不一致 28
自己誘発嘔吐 54, 111
自己理論 27
自殺念慮 61, 94
思春期 37
質問紙検査 67
指導者、チームメートとの軋轢 98
指導者の存在 80
児童小児虐待 58
シナプス 42
社会的引きこもり 62
昇華 17
紹介者の情報 84
紹介のされ方 82
状態－特性不安検査（STAI） 72
女子選手の摂食の問題 109
女性アスリートの三徴候（Female Athlete Triad） 55
処理速度指標（PSI） 66
神経科学 1
神経系の発生 41
神経系の発達 41
神経性大食症 54
神経性無食欲症 54
新人にある問題 96
身体表現性障害 51
心理学 1
心理検査 64
　　──の標準化 65
心理的要因 9
心療内科 6

《す》

睡眠時間 105
スーパーバイザー 10, 21
スキャモンの発達曲線 43
スクールカウンセラー 10
ストレス 41, 51, 60
スポーツカウンセリング 2, 5, 75, 80, 118
　　──のケース 95
　　──の資格 115
スポーツドクター 116
スポーツメンタルトレーニング指導士 115
スポーツメンタルトレーニング指導士補 115
スポーツリーダー 116

《せ・そ》

性格検査 65, 67
生活環境が大きく関与するケース 104
生活史 85
生活時間 89
制限型（神経性無食欲症） 54
精神医学 46, 93, 121
精神科 6
成人期以降 39
精神疾患 42, 93
精神障害の診断と統計の手引き（DSM） 47
精神分析学 12
精神力動 12
性的同一性の確立 37
性同一性障害 56
　　──のケース 112
青年期 38
性別適合手術 113
生理心理学 23
セスディー（CES-D） 72
摂食障害 54, 111

前意識　14
洗浄強迫　15
素因　40
双極性障害　59
相談の訴え　84

《た》

第一の／第二の／第三の心理学　26
大うつ病性障害　60, 61
退行　17, 18
体重　110
第二次性徴期　37
多軸診断　47
蛋白同化剤　63

《ち・つ・て》

知覚推理指標（PRI）　66
チックの負の練習法　24
知能検査　66
超自我（ÜBERICH）　14
治療の枠　77
ツング自己評価うつ病尺度（SDS）　72
抵抗　19
転移　20
転換　51
転換性障害　51

《と》

同一視　17, 18
投影・投射　16
投影法検査　69
統合失調症　42, 62, 94
疼痛性障害　52
ドメスティックバイオレンス　58
取り扱える問題　10
度忘れ　13

《な行》

二次疾病利得　52
日本臨床心理身体運動学会　115
人間性心理学　26
人間の欲求階層説　26
認知科学　1
認知行動療法　24, 51
認定スポーツカウンセラー資格　116
脳科学　1
脳腫瘍　9, 94
脳の働き　41
脳波　22

《は》

パーソナリティ　31, 47
パーソナリティ障害　57
バウムテスト　69
箱庭療法　70, 85
発達論　15
パニック障害　49, 94
パニック発作　49, 94
パブロフの理論（条件反射）　24
パラレル・プレイ（Parallel Play）　35
反社会性パーソナリティ障害　58
反動形成　17

《ひ・ふ》

ヒステリー　51, 53
否認　16
描画テスト　69
広場恐怖　50
不安　15
不安障害　49
風景構成法　69
不適切な養育環境　41
プラグマティズム（実用主義）　22
フロイト, A.　32

フロイト, S. 13, 34
　——の心のモデル　14, 38
文章完成法（SCT）　70
分離　17
分離−個体化のプロセス　34

《へ・ほ》

ベックの認知理論　24
防衛機制　16, 18
法的に別の性として登録　113
補償（防衛機制）　17
ホルモン療法　113

《ま行》

マズロー, A. H.　26
麻薬　58
ミネソタ多面人格目録（MMPI）　67
無意識　13, 14
無気力　62
無茶食い／排出（浄化）型（神経性無食欲症）　54
メールアドレス　79
メンタルトレーニング　8, 23
メンタルトレーニング・応用スポーツ心理学研究会　115
妄想　62
モーズレイ性格検査（MPI）　67
問題の本質　84

《や行》

薬物（禁止薬物）　63
薬物治療　3
薬物療法　51
矢田部ギルフォード性格検査　67
遊戯期　35
ユング, C. G.　13
陽性症状（統合失調症の）　62
陽性転移　20

抑圧　13, 15
抑圧と抑制　16

《ら行・わ行》

来談者→クライエント
リコンディショニング　6
離人症性障害　53
リファー（Refer）　92
リレーション　77
臨床心理カウンセリング　2
臨床心理学　1, 119
臨床心理士　115
るい痩　54
恋愛感情　21
ロールシャッハテスト　69
ロジャーズ, C. R.　26
　——による治療の6つの条件　29
ワーキングメモリー指標（WMI）　66
ワトソン, J. B.　22

著者紹介

内田 直（うちだ すなお）

　　1983年　滋賀医科大学卒業
　現　在　早稲田大学名誉教授，医学博士
　　　　　日本スポーツ精神医学会　理事長
　　　　　日本精神神経学会　精神科専門医
　　　　　睡眠医療認定医師
　　　　　日本スポーツ協会認定スポーツドクター

NDC780　　134p　　21cm

スポーツカウンセリング入門（にゅうもん）

2011年 3 月30日　第 1 刷発行
2021年 7 月13日　第 3 刷発行

著　者　内田　直（うちだ　すなお）
発行者　髙橋明男
発行所　株式会社　講談社
　　　　〒112-8001　東京都文京区音羽2-12-21
　　　　　販売　(03)5395-4415
　　　　　業務　(03)5395-3615
編　集　株式会社　講談社サイエンティフィク
　　　　代表　堀越俊一
　　　　〒162-0825　東京都新宿区神楽坂2-14　ノービィビル
　　　　　編集　(03)3235-3701
印刷所　豊国印刷株式会社
製本所　株式会社国宝社

落丁本・乱丁本は，購入書店名を明記のうえ，講談社業務宛にお送り下さい．送料小社負担にてお取替えします．なお，この本の内容についてのお問い合わせは講談社サイエンティフィク宛にお願いいたします．定価はカバーに表示してあります．
©Sunao Uchida, 2011

本書のコピー，スキャン，デジタル化等の無断複製は著作権法上での例外を除き禁じられています．本書を代行業者等の第三者に依頼してスキャンやデジタル化することはたとえ個人や家庭内の利用でも著作権法違反です．

[JCOPY]《(社)出版者著作権管理機構 委託出版物》
複写される場合は，その都度事前に(社)出版者著作権管理機構（電話 03-5244-5088, FAX 03-5244-5089, e-mail : info@jcopy.or.jp）の許諾を得て下さい．

Printed in Japan

ISBN 978-4-06-280656-5

講談社の自然科学書

好きになる睡眠医学 第2版
眠りのしくみと睡眠障害
内田 直・著　　A5・174頁・定価2,200円

睡眠障害に対する医学的対応方法がわかる。睡眠のメカニズム、睡眠障害の種類、検査方法、睡眠薬の使い方など、睡眠障害の全体像がよくわかる。イラストを多用し、わかりやすい表現で一般読者でも読める。

好きになる精神医学 第2版
こころの病気と治療の新しい理解
越野 好文／志野 靖史・著絵　A5・191頁・定価1,980円

「こころの病気」とは？ 原因は？ 脳太郎とDr.ナビの二人が精神医学の世界をご案内。医学、看護、福祉、心理、教育の学生、現場向けの1冊。一般の人にも。DSM-5対応。

コアコンディショニングとコアセラピー
平沼 憲治／岩﨑 由純・監修
蒲田 和芳／渡辺 なおみ・編
(財)日本コアコンディショニング協会・協力　B5・254頁・定価4,620円

コアコンディショニングの体系的理解。体幹部の骨格・筋肉のゆがみをとるコアコンディショニング。科学的・医学的理論と実践例を紹介。選手や一般向けだけでなく、介護予防向けのプログラムも紹介。

リアライン・トレーニング〈体幹・股関節編〉
関節のゆがみ・骨の配列を整える最新理論
蒲田 和芳・著　　B5・174頁・定価3,960円

新たなリハビリテーション理論「リアライン・コンセプト」に基づくトレーニング法。関節のアライメントや動きの異常の見極め方、その歪みを解消する方法を写真を多用して解説。歪みを解消することで、パフォーマンスが向上する。2色刷。

リアライン・トレーニング〈下肢編〉
関節のゆがみ・骨の配列を整える最新理論
蒲田 和芳・著　　B5・166頁・定価3,520円

鍛える前に整える！〈ReaLine Before Training〉〈体幹・股関節編〉に続く第2弾。膝関節、足関節、足部に焦点をあてた下肢編。カラー版。【東芝ブレイブルーパス　リーチマイケル選手　推薦!!】

高齢者の筋力トレーニング
安全に楽しく行うための指導者向け実践ガイド
DVD付き
都竹 茂樹・著　　B5・124頁・定価3,080円

介護予防の現場で活用できる実践テキスト。マシンを使わずに安全かつ効果的に行える筋力トレーニング法を紹介。理論についてもわかりやすく説明し、筋トレ教室の運営方法にも言及。保健師、介護関係者にとっても待望の1冊。DVD付き(約45分)。

新版 乳酸を活かしたスポーツトレーニング
八田 秀雄・著　　A5・156頁・定価2,090円

最新の知見を盛り込んだカラー改訂版。乳酸を切り口に、運動時の生体内のメカニズムを基礎からやさしく説明。乳酸と疲労の関係についても、さらに言及。現場色を増やし、血中乳酸濃度測定のノウハウ、各競技の活用事例も紹介。

これからの健康とスポーツの科学 第5版
安部 孝／琉子 友男・編
B5・207頁・定価2,640円

一般教養の体育の教科書。各種データを更新し、サルコペニアなど話題のテーマもとりあげた。生活習慣病、運動の効果、筋力トレーニングのメカニズム、骨粗しょう症、ストレスへの対応など、一生を通して役立つ内容。2色刷。

新版 これでなっとく 使える スポーツサイエンス
征矢 英昭／本山 貢／石井 好二郎・編
A5・190頁・定価2,200円

現場で出会う疑問に最新理論で答える。コンビニ食、サプリメント、タバコとスポーツ、脳と運動の関係など、より身近で具体的な項目を追加し、さらに最新の知見を反映した、待望の改訂版。

健康・運動の科学
介護と生活習慣病予防のための運動処方
田口 貞善・監修　小野寺 孝一／山崎 先也／村田 伸／中澤 公孝・編
B5・199頁・定価2,420円

考え方がよくわかる運動処方の入門書。基礎理論から対象別の応用例（生活習慣病予防、高齢者の介護予防）まで具体的に解説。さらに運動効果の最新のエビデンスを紹介。「健康運動」「運動処方」の教科書にも最適。

※表示価格は税込み価格（税10%）です。　　「2021年6月現在」

講談社サイエンティフィク　https://www.kspub.co.jp/